KB197626

두부영어와
함께 하는

초등
영문법 ③
형식

뿌수기 100

저 자 이덕희, 이선미, 정아현, 황대욱, 김남의
발행인 고본화
발 행 반석출판사
2025년 1월 10일 초판 1쇄 인쇄
2025년 1월 15일 초판 1쇄 발행
홈페이지 www.bansok.co.kr
이메일 bansok@bansok.co.kr
블로그 blog.naver.com/bansokbooks

07547 서울시 강서구 양천로 583. B동 1007호
　　　　(서울시 강서구 염창동 240-21번지 우림블루나인 비즈니스센터 B동 1007호)
대표전화 02) 2093-3399 **팩 스** 02) 2093-3393
출 판 부 02) 2093-3395 **영업부** 02) 2093-3396
등록번호 제315-2008-000033호

Copyright ⓒ 이덕희, 이선미, 정아현, 황대욱, 김남의

ISBN 978-89-7172-102-5 (63740)

■ 교재 관련 문의: bansok@bansok.co.kr을 이용해 주시기 바랍니다.
■ 이 책에 게재된 내용의 일부 또는 전체를 무단으로 복제 및 발췌하는 것을 금합니다.
■ 파본 및 잘못된 제품은 구입처에서 교환해 드립니다.

두부영어와 함께 하는

초등 영문법 ③
형식

뿌수기 100

반석출판사

한번 생각해 보세요.

> 민서는 본다 고양이들을.
>
> 민서는 고양이들을 본다.
>
> 고양이들을 민서는 본다.
>
> 고양이들을 본다 민서는.
>
> 본다 민서는 고양이들을.
>
> 본다 고양이들을 민서는.

한국어로는 위의 여섯 개의 문장이 전부 같은 의미를 가집니다.

바로, 한국어에는 ~는, ~을, ~ㄴ다 와 같은 조사[1]들이 있어서

누가 (주어를 나타내는 조사 ~은,는,이,가),

무엇을 (목적어를 나타내는 조사 ~을,를),

어떻게 하는지(동사를 나타내는 조사 ~다,하다)

단어들의 위치와 순서가 바뀌어도 뜻이, 그 의미가 달라지지 않는 것입니다.

그럼 위의 문장들을 영어로 적어보면 어떻게 될까요?

차례대로 한 번 적어볼게요. 문법적인 것은 배제하고 보시면 됩니다.

> Minseo see cats. (민서는 **본다** 고양이들을.)
>
> Minseo cats see. (민서는 **고양이들한다** 본다를.)
>
> Cats Minseo see. (고양이들은 **민서한다** 본다를.)
>
> Cats see Minseo. (고양이들은 **본다** 민서를.)
>
> See Minseo cats. (본다는 **민서한다** 고양이들을.)
>
> See cats Minseo. (본다는 **고양이들한다** 민서를.)

같은 단어들을 사용해 한국어의 순서와 동일하게 6개의 문장을 만들었는데 의미는 완전히 달라집니다.

영어는 단어의 위치가 곧 그 단어의 역할을 결정하기 때문입니다.

맨 앞자리는 주어, 그 다음은 동사, 그 다음은 보어나 목적어 등이지요.

그런 단어들의 순서를 알려주는 것이 바로 문장의 형식입니다.

영어의 모든 문장은 이 문장의 5형식 안에 전부 들어가 있지요.

아무리 짧고 아무리 긴 그 어떤 문장이라도 이 문장의 형식에 모두 들어맞는다는 것입니다.

이것이 바로 우리가 '문장의 형식'을 이해해야 하는 이유입니다.

이 책은 단순한 문법책이 아닙니다. 한국어와 영어의 근본적인 차이를 이해하고, 영어 문장의 구조를 직관적으로 파악할 수 있도록 돕는 안내서입니다. 특히 기초적인 단어들을 활용하여, 누구나 쉽게 영어 문장의 구조를 이해할 수 있도록 구성했습니다.

이제 여러분과 함께 영어 문장의 형식을 차근차근 살펴보려 합니다. 단어들의 나열이 아닌, 의미가 통하는 영어 문장을 만드는 여정을 시작해볼까요?

현직 영어학원 원장 일동 드림

---

¹ 체언이나 부사, 어미 따위에 붙어 그 말과 다른 말과의 문법적 관계를 표시하거나 그 말의 뜻을 도와주는 품사. 크게 격 조사, 접속 조사, 보조사로 나눈다. - 출처 : 표준국어대사전

이 책의 특징

현장 경험으로 완성된 실전 영어 워크북

5인의 현직 영어학원 원장이 다년간의 교육 경험을 바탕으로 제작한 교재입니다.

기존의 학습서에서 찾기 어려웠던 효과적인 학습법과 실질적인 노하우를 담아, 영어 학습의 새로운 방향을 제시합니다.

주요 대상	추가 대상
영어 학습을 시작하는 초등학교 3~4학년	영어 문법에 어려움을 느끼는 모든 초등학생 자녀의 영어 교육에 관심 있는 학부모 영어를 다시 시작하려는 성인 학습자 영어가 필요한 직장인 및 시니어

교재의 특별한 장점

1 쉽게 시작하고 자연스럽게 확장하는 단계별 학습

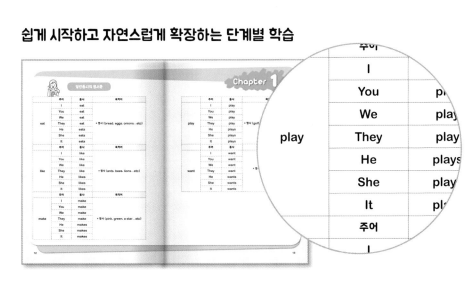

☑ 문장이 만들어지는 원리를 이해하며 기본 문장부터 차근차근 학습

☑ 배운 문장에 단어를 하나씩 추가하며 긴 문장으로 자연스럽게 확장

☑ 동사의 활용과 주어별 동사 변화 등 기초 문법을 탄탄하게 다짐

2 문장 구조를 시각적으로 이해하는 활동

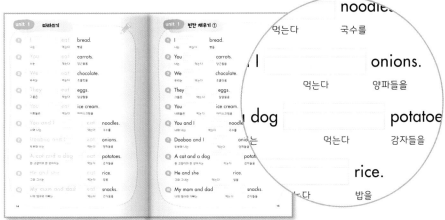

☑ 단어와 문장의 관계를 블록처럼 구성하며 직관적으로 이해

☑ 단어를 순서대로 연결하며 문법 원리를 쉽게 체득

☑ 패턴 연습을 통해 한 단계씩 실력 향상

3 반복과 누적 학습으로 영어 문장이 완성되는 설계

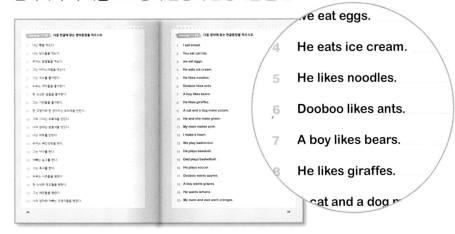

☑ 다양한 의미의 문장을 직접 써보며 문장 구조를 체득

☑ Review Test, Final Test를 통해 학습 내용을 단계별로 점검

☑ 예시문 암기를 통한 실전 영어 활용력 강화

1 기초 학습자를 위한 맞춤 설계

- ☑ 문법의 기초 틀을 확실히 잡아주는 체계적 구성
- ☑ 스스로 학습이 가능한 단계별 패턴 연습
- ☑ 1~5형식을 완벽하게 마스터한 후 심화 문법 학습 가능

2 효과적인 학습 방법

- ☑ 반복적이고 심플한 패턴 연습으로 기본기 강화
- ☑ 문법을 이론이 아닌 실전으로 익히는 실용적 접근
- ☑ 핸드라이팅을 통한 장기기억 강화

이 교재는 문법이나 문장 패턴이 약한 학생들도 스스로 학습할 수 있도록 구성되어 있으며, 기초부터 차근차근 밟아가며 문법의 완성도를 높일 수 있습니다. 특히 1~5형식을 탄탄하게 마스터하면 이후의 심화 문법 학습에도 큰 도움이 될 것입니다.

목차

I 나　　　you 너　　　we 우리　　　they 그들　　　and 그리고

Dooboo 두부　　　cat 고양이　　　dog 강아지　　　dad 아빠　　　mom 엄마

he 그　　　she 그녀　　　it 그것　　　boy 소년　　　girl 소녀

단어 체크

☑　　　eat 먹는다

☐ bread 빵　　　☐ noodle 국수

☐ carrot 당근　　　☐ onion 양파

☐ chocolate 초콜릿　　　☐ potato 감자

☐ egg 달걀　　　☐ rice 밥

☐ ice cream 아이스크림　　　☐ snack 간식

☑　　　like 좋아하다

☐ ant 개미　　　☐ giraffe 기린

☐ bear 곰　　　☐ grasshopper 메뚜기

☐ bee 벌　　　☐ ladybug 무당벌레

☐ butterfly 나비　　　☐ lion 사자

☐ elephant 코끼리　　　☐ tiger 호랑이

☑ make 만든다

☐ black 검정색 ☐ circle 동그라미

☐ green 초록색 ☐ heart 하트

☐ orange 주황색 ☐ square 네모

☐ pink 분홍색 ☐ star 별

☐ purple 보라색 ☐ triangle 세모

☑ play (게임,놀이를)하다

☐ badminton 배드민턴 ☐ hockey 하키

☐ baseball 야구 ☐ soccer 축구

☐ basketball 농구 ☐ table tennis 탁구

☐ dodgeball 피구 ☐ tennis 테니스

☐ golf 골프 ☐ volleyball 배구

☑ want 원하다

☐ apple 사과 ☐ mango 망고

☐ banana 바나나 ☐ orange 오렌지

☐ grape 포도 ☐ peach 복숭아

☐ kiwi 키위 ☐ tomato 토마토

☐ lemon 레몬 ☐ watermelon 수박

일반동사의 평서문

	주어	동사	목적어
eat	I	eat	+ 명사 (bread, eggs, onions...etc)
	You	eat	
	We	eat	
	They	eat	
	He	eats	
	She	eats	
	It	eats	
	주어	동사	목적어
like	I	like	+ 명사 (ants, bees, lions...etc)
	You	like	
	We	like	
	They	like	
	He	likes	
	She	likes	
	It	likes	
	주어	동사	목적어
make	I	make	+ 명사 (pink, green, a star...etc)
	You	make	
	We	make	
	They	make	
	He	makes	
	She	makes	
	It	makes	

	주어	동사	목적어
play	I	play	+ 명사 (golf, soccer, baseball...etc)
	You	play	
	We	play	
	They	play	
	He	plays	
	She	plays	
	It	plays	
	주어	동사	목적어
want	I	want	+ 명사 (apples, lemons, grapes...etc)
	You	want	
	We	want	
	They	want	
	He	wants	
	She	wants	
	It	wants	

1   I   eat   **bread.**
나는   먹는다   빵을

2   You   eat   **carrots.**
너는   먹는다   당근들을

3   We   eat   **chocolate.**
우리는   먹는다   초콜릿을

4   They   eat   **eggs.**
그들은   먹는다   달걀들을

5   You   eat   **ice cream.**
너희들은   먹는다   아이스크림을

6   You and I   eat   **noodles.**
너와 나는   먹는다   국수를

7   Dooboo and I   eat   **onions.**
두부와 나는   먹는다   양파들을

8   A cat and a dog   eat   **potatoes.**
한 고양이와 한 강아지는   먹는다   감자들을

9   He and she   eat   **rice.**
그와 그녀는   먹는다   밥을

10   My mom and dad   eat   **snacks.**
나의 엄마와 아빠는   먹는다   간식들을

빈칸 채우기 ①

1 I _____ bread.

나는 　　　먹는다 　　　빵을

2 You _____ carrots.

너는 　　　　먹는다 　　　당근들을

3 We _____ chocolate.

우리는 　　　먹는다 　　　초콜릿을

4 They _____ eggs.

그들은 　　　　먹는다 　　　달걀들을

5 You _____ ice cream.

너희들은 　　　먹는다 　　　아이스크림을

6 You and I _____ noodles.

너와 나는 　　　　먹는다 　　　국수를

7 Dooboo and I _____ onions.

두부와 나는 　　　　먹는다 　　　양파들을

8 A cat and a dog _____ potatoes.

한 고양이와 한 강아지는 　　　먹는다 　　　감자들을

9 He and she _____ rice.

그와 그녀는 　　　　먹는다 　　　밥을

10 My mom and dad _____ snacks.

나의 엄마와 아빠는 　　　먹는다 　　　간식들을

unit 1 빈칸 채우기 ②

1

		bread.
나는	먹는다	빵을

2

		carrots.
너는	먹는다	당근들을

3

		chocolate.
우리는	먹는다	초콜릿을

4

		eggs.
그들은	먹는다	달걀들을

5

		ice cream.
너희들은	먹는다	아이스크림을

6

		noodles.
너와 나는	먹는다	국수를

7

		onions.
두부와 나는	먹는다	양파들을

8

		potatoes.
한 고양이와 한 강아지는	먹는다	감자들을

9

		rice.
그와 그녀는	먹는다	밥을

10

		snacks.
나의 엄마와 아빠는	먹는다	간식들을

빈칸 채우기 ③

1

나는 빵을 먹는다.

2

너는 당근들을 먹는다.

3

우리는 초콜릿을 먹는다.

4

그들은 달걀들을 먹는다.

5

너희들은 아이스크림을 먹는다.

6

너와 나는 국수를 먹는다.

7

두부와 나는 양파들을 먹는다.

8

한 고양이와 한 강아지는 감자들을 먹는다.

9

그와 그녀는 밥을 먹는다.

10

나의 엄마와 아빠는 간식들을 먹는다.

1 Dad eats **bread.**
아빠는 먹는다 빵을

2 Mom eats **carrots.**
엄마는 먹는다 당근들을

3 He eats **chocolate.**
그는 먹는다 초콜릿을

4 She eats **eggs.**
그녀는 먹는다 달걀들을

5 It eats **ice cream.**
그것은 먹는다 아이스크림을

6 Dooboo eats **noodles.**
두부는 먹는다 국수를

7 A boy eats **onions.**
한 소년은 먹는다 양파들을

8 A girl eats **potatoes.**
한 소녀는 먹는다 감자들을

9 A cat eats **rice.**
한 고양이는 먹는다 밥을

10 A dog eats **snacks.**
한 강아지는 먹는다 간식들을

1 Dad   bread.
아빠는   먹는다   빵을

2 Mom   carrots.
엄마는   먹는다   당근들을

3 He   chocolate.
그는   먹는다   초콜릿을

4 She   eggs.
그녀는   먹는다   달걀들을

5 It   ice cream.
그것은   먹는다   아이스크림을

6 Dooboo   noodles.
두부는   먹는다   국수를

7 A boy   onions.
한 소년은   먹는다   양파들을

8 A girl   potatoes.
한 소녀는   먹는다   감자들을

9 A cat   rice.
한 고양이는   먹는다   밥을

10 A dog   snacks.
한 강아지는   먹는다   간식들을

빈칸 채우기 ②

1 _____ _____ bread.

아빠는　　　　　　먹는다　　　　　　빵을

2 _____ _____ carrots.

엄마는　　　　　　먹는다　　　　　　당근들을

3 _____ _____ chocolate.

그는　　　　　　　먹는다　　　　　　초콜릿을

4 _____ _____ eggs.

그녀는　　　　　　먹는다　　　　　　달걀들을

5 _____ _____ ice cream.

그것은　　　　　　먹는다　　　　　　아이스크림을

6 _____ _____ noodles.

두부는　　　　　　먹는다　　　　　　국수를

7 _____ _____ onions.

한 소년은　　　　　먹는다　　　　　　양파들을

8 _____ _____ potatoes.

한 소녀는　　　　　먹는다　　　　　　감자들을

9 _____ _____ rice.

한 고양이는　　　　먹는다　　　　　　밥을

10 _____ _____ snacks.

한 강아지는　　　　먹는다　　　　　　간식들을

빈칸 채우기 ③

1

아빠는 빵을 먹는다.

2

엄마는 당근들을 먹는다.

3

그는 초콜릿을 먹는다.

4

그녀는 달걀들을 먹는다.

5

그것은 아이스크림을 먹는다.

6

두부는 국수를 먹는다.

7

한 소년은 양파들을 먹는다.

8

한 소녀는 감자들을 먹는다.

9

한 고양이는 밥을 먹는다.

10

한 강아지는 간식들을 먹는다.

1 I like ants.
나는 좋아한다 개미들을

2 You like bears.
너는 좋아한다 곰들을

3 We like bees.
우리는 좋아한다 벌들을

4 They like butterflies.
그들은 좋아한다 나비들을

5 You like elephants.
너희들은 좋아한다 코끼리들을

6 You and I like giraffes.
너와 나는 좋아한다 기린들을

7 Dooboo and I like grasshoppers.
두부와 나는 좋아한다 메뚜기들을

8 A cat and a dog like ladybugs.
한 고양이와 한 강아지는 좋아한다 무당벌레들을

9 He and she like lions.
그와 그녀는 좋아한다 사자들을

10 My mom and dad like tigers.
나의 엄마와 아빠는 좋아한다 호랑이들을

1 I _____ ants.
나는   좋아한다   개미들을

2 You _____ bears.
너는   좋아한다   곰들을

3 We _____ bees.
우리는   좋아한다   벌들을

4 They _____ butterflies.
그들은   좋아한다   나비들을

5 You _____ elephants.
너희들은   좋아한다   코끼리들을

6 You and I _____ giraffes.
너와 나는   좋아한다   기린들을

7 Dooboo and I _____ grasshoppers.
두부와 나는   좋아한다   메뚜기들을

8 A cat and a dog _____ ladybugs.
한 고양이와 한 강아지는   좋아한다   무당벌레들을

9 He and she _____ lions.
그와 그녀는   좋아한다   사자들을

10 My mom and dad _____ tigers.
나의 엄마와 아빠는   좋아한다   호랑이들을

빈칸 채우기 ②

1

                                                ants.

나는   좋아한다   개미들을

2

                                                  bears.

너는   좋아한다   곰들을

3

                                                  bees.

우리는   좋아한다   벌들을

4

                                                  butterflies.

그들은   좋아s한다   나비들을

5

                                                  elephants.

너희들은   좋아한다   코끼리들을

6

                                                  giraffes.

너와 나는   좋아한다   기린들을

7

                                                  grasshoppers.

두부와 나는   좋아한다   메뚜기들을

8

                                                  ladybugs.

한 고양이와 한 강아지는   좋아한다   무당벌레들을

9

                                                  lions.

그와 그녀는   좋아한다   사자들을

10

                                                  tigers.

나의 엄마와 아빠는   좋아한다   호랑이들을

빈칸 채우기 ③

1

나는 개미들을 좋아한다.

2

너는 곰들을 좋아한다.

3

우리는 벌들을 좋아한다.

4

그들은 나비들을 좋아한다.

5

너희들은 코끼리들을 좋아한다.

6

너와 나는 기린들을 좋아한다.

7

두부와 나는 메뚜기들을 좋아한다.

8

한 고양이와 한 강아지는 무당벌레들을 좋아한다.

9

그와 그녀는 사자들을 좋아한다.

10

나의 엄마와 아빠는 호랑이들을 좋아한다.

1 Dad likes **ants.**
아빠는 좋아한다 개미들을

2 Mom likes **bears.**
엄마는 좋아한다 곰들을

3 He likes **bees.**
그는 좋아한다 벌들을

4 She likes **butterflies.**
그녀는 좋아한다 나비들을

5 It likes **elephants.**
그것은 좋아한다 코끼리들을

6 Dooboo likes **giraffes.**
두부는 좋아한다 기린들을

7 A boy likes **grasshoppers.**
한 소년은 좋아한다 메뚜기들을

8 A girl likes **ladybugs.**
한 소녀는 좋아한다 무당벌레들을

9 A cat likes **lions.**
한 고양이는 좋아한다 사자들을

10 A dog likes **tigers.**
한 강아지는 좋아한다 호랑이들을

빈칸 채우기 ①

1 Dad _____ ants.
아빠는 　　좋아한다 　　개미들을

2 Mom _____ bears.
엄마는 　　좋아한다 　　곰들을

3 He _____ bees.
그는 　　좋아한다 　　벌들을

4 She _____ butterflies.
그녀는 　　좋아한다 　　나비들을

5 It _____ elephants.
그것은 　　좋아한다 　　코끼리들을

6 Dooboo _____ giraffes.
두부는 　　좋아한다 　　기린들을

7 A boy _____ grasshoppers.
한 소년은 　　좋아한다 　　메뚜기들을

8 A girl _____ ladybugs.
한 소녀는 　　좋아한다 　　무당벌레들을

9 A cat _____ lions.
한 고양이는 　　좋아한다 　　사자들을

10 A dog _____ tigers.
한 강아지는 　　좋아한다 　　호랑이들을

1

		ants.
아빠는	좋아한다	개미들을

2

		bears.
엄마는	좋아한다	곰들을

3

		bees.
그는	좋아한다	벌들을

4

		butterflies.
그녀는	좋아한다	나비들을

5

		elephants.
그것은	좋아한다	코끼리들을

6

		giraffes.
두부는	좋아한다	기린들을

7

		grasshoppers.
한 소년은	좋아한다	메뚜기들을

8

		ladybugs.
한 소녀는	좋아한다	무당벌레들을

9

		lions.
한 고양이는	좋아한다	사자들을

10

		tigers.
한 강아지는	좋아한다	호랑이들을

빈칸 채우기 ③

1

아빠는 개미들을 좋아한다.

2

엄마는 곰들을 좋아한다.

3

그는 벌들을 좋아한다.

4

그녀는 나비들을 좋아한다.

5

그것은 코끼리들을 좋아한다.

6

두부는 기린들을 좋아한다.

7

한 소년은 메뚜기들을 좋아한다.

8

한 소녀는 무당벌레들을 좋아한다.

9

한 고양이는 사자들을 좋아한다.

10

한 강아지는 호랑이들을 좋아한다.

1   I   make   **black.**
나는   만든다   검정색을

2   You   make   **green.**
너는   만든다   초록색을

3   We   make   **orange.**
우리는   만든다   주황색을

4   They   make   **pink.**
그들은   만든다   분홍색을

5   You   make   **purple.**
너희들은   만든다   보라색을

6   You and I   make   **a circle.**
너와 나는   만든다   동그라미를

7   Dooboo and I   make   **a heart.**
두부와 나는   만든다   하트를

8   A cat and a dog   make   **a square.**
한 고양이와 한 강아지는   만든다   네모를

9   He and she   make   **a star.**
그와 그녀는   만든다   별을

10   My mom and dad   make   **a triangle.**
나의 엄마와 아빠는   만든다   세모를

1 I   black.

    나는   만든다   검정색을

2 You   green.

    너는   만든다   초록색을

3 We   orange.

    우리는   만든다   주황색을

4 They   pink.

    그들은   만든다   분홍색을

5 You   purple.

    너희들은   만든다   보라색을

6 You and I   a circle.

    너와 나는   만든다   동그라미를

7 Dooboo and I   a heart.

    두부와 나는   만든다   하트를

8 A cat and a dog   a square.

    한 고양이와 한 강아지는   만든다   네모를

9 He and she   a star.

    그와 그녀는   만든다   별을

10 My mom and dad   a triangle.

    나의 엄마와 아빠는   만든다   세모를

unit 5　빈칸 채우기 ②

1

		black.
나는	만든다	검정색을

2

		green.
너는	만든다	초록색을

3

		orange.
우리는	만든다	주황색을

4

		pink.
그들은	만든다	분홍색을

5

		purple.
너희들은	만든다	보라색을

6

		a circle.
너와 나는	만든다	동그라미를

7

		a heart.
두부와 나는	만든다	하트를

8

		a square.
한 고양이와 한 강아지는	만든다	네모를

9

		a star.
그와 그녀는	만든다	별을

10

		a triangle.
나의 엄마와 아빠는	만든다	세모를

빈칸 채우기 ③

1

나는 검정색을 만든다.

2

너는 초록색을 만든다.

3

우리는 주황색을 만든다.

4

그들은 분홍색을 만든다.

5

너희들은 보라색을 만든다.

6

너와 나는 동그라미를 만든다.

7

두부와 나는 하트를 만든다.

8

한 고양이와 한 강아지는 네모를 만든다.

9

그와 그녀는 별을 만든다.

10

나의 엄마와 아빠는 세모를 만든다.

1 Dad makes **black.**
아빠는 만든다 검정색을

2 Mom makes **green.**
엄마는 만든다 초록색을

3 He makes **orange.**
그는 만든다 주황색을

4 She makes **pink.**
그녀는 만든다 분홍색을

5 It makes **purple.**
그것은 만든다 보라색을

6 Dooboo makes **a circle.**
두부는 만든다 동그라미를

7 A boy makes **a heart.**
한 소년은 만든다 하트를

8 A girl makes **a square.**
한 소녀는 만든다 네모를

9 A cat makes **a star.**
한 고양이는 만든다 별을

10 A dog makes **a triangle.**
한 강아지는 만든다 세모를

1 Dad _____ black.

아빠는   만든다   검정색을

2 Mom _____ green.

엄마는   만든다   초록색을

3 He _____ orange.

그는   만든다   주황색을

4 She _____ pink.

그녀는   만든다   분홍색을

5 It _____ purple.

그것은   만든다   보라색을

6 Dooboo _____ a circle.

두부는   만든다   동그라미를

7 A boy _____ a heart.

한 소년은   만든다   하트를

8 A girl _____ a square.

한 소녀는   만든다   네모를

9 A cat _____ a star.

한 고양이는   만든다   별을

10 A dog _____ a triangle.

한 강아지는   만든다   세모를

unit
6

빈칸 채우기 ②

1

		black.
아빠는	만든다	검정색을

2

		green.
엄마는	만든다	초록색을

3

		orange.
그는	만든다	주황색을

4

		pink.
그녀는	만든다	분홍색을

5

		purple.
그것은	만든다	보라색을

6

		a circle.
두부는	만든다	동그라미를

7

		a heart.
한 소년은	만든다	하트를

8

		a square.
한 소녀는	만든다	네모를

9

		a star.
한 고양이는	만든다	별을

10

		a triangle.
한 강아지는	만든다	세모를

빈칸 채우기 ③

1

아빠는 검정색을 만든다.

2

엄마는 초록색을 만든다.

3

그는 주황색을 만든다.

4

그녀는 분홍색을 만든다.

5

그것은 보라색을 만든다.

6

두부는 동그라미를 만든다.

7

한 소년은 하트를 만든다.

8

한 소녀는 네모를 만든다.

9

한 고양이는 별을 만든다.

10

한 강아지는 세모를 만든다.

1   I   play   **badminton.**
나는   한다   배드민턴을

2   You   play   **baseball.**
너는   한다   야구를

3   We   play   **basketball.**
우리는   한다   농구를

4   They   play   **dodgeball.**
그들은   한다   피구를

5   You   play   **golf.**
너희들은   한다   골프를

6   You and I   play   **hockey.**
너와 나는   한다   하키를

7   Dooboo and I   play   **soccer.**
두부와 나는   한다   축구를

8   A cat and a dog   play   **table tennis.**
한 고양이와 한 강아지는   한다   탁구를

9   He and she   play   **tennis.**
그와 그녀는   한다   테니스를

10   My mom and dad   play   **volleyball.**
나의 엄마와 아빠는   한다   배구를

1 I _____ badminton.

나는 　　　한다 　　　배드민턴을

2 You _____ baseball.

너는 　　　한다 　　　야구를

3 We _____ basketball.

우리는 　　　한다 　　　농구를

4 They _____ dodgeball.

그들은 　　　한다 　　　피구를

5 You _____ golf.

너희들은 　　　한다 　　　골프를

6 You and I _____ hockey.

너와 나는 　　　한다 　　　하키를

7 Dooboo and I _____ soccer.

두부와 나는 　　　한다 　　　축구를

8 A cat and a dog _____ table tennis.

한 고양이와 한 강아지는 　　　한다 　　　탁구를

9 He and she _____ tennis.

그와 그녀는 　　　한다 　　　테니스를

10 My mom and dad _____ volleyball.

나의 엄마와 아빠는 　　　한다 　　　배구를

1 _____ _____ badminton.

나는   한다   배드민턴을

2 _____ _____ baseball.

너는   한다   야구를

3 _____ _____ basketball.

우리는   한다   농구를

4 _____ _____ dodgeball.

그들은   한다   피구를

5 _____ _____ golf.

너희들은   한다   골프를

6 _____ _____ hockey.

너와 나는   한다   하키를

7 _____ _____ soccer.

두부와 나는   한다   축구를

8 _____ _____ table tennis.

한 고양이와 한 강아지는   한다   탁구를

9 _____ _____ tennis.

그와 그녀는   한다   테니스를

10 _____ _____ volleyball.

나의 엄마와 아빠는   한다   배구를

1

나는 배드민턴을 한다.

2

너는 야구를 한다.

3

우리는 농구를 한다.

4

그들은 피구를 한다.

5

너희들은 골프를 한다.

6

너와 나는 하키를 한다.

7

두부와 나는 축구를 한다.

8

한 고양이와 한 강아지는 탁구를 한다.

9

그와 그녀는 테니스를 한다.

10

나의 엄마와 아빠는 배구를 한다.

unit
7

1 Dad   plays   badminton.
아빠는   한다   배드민턴을

2 Mom   plays   baseball.
엄마는   한다   야구를

3 He   plays   basketball.
그는   한다   농구를

4 She   plays   dodgeball.
그녀는   한다   피구를

5 It   plays   golf.
그것은   한다   골프를

6 Dooboo   plays   hockey.
두부는   한다   하키를

7 A boy   plays   soccer.
한 소년은   한다   축구를

8 A girl   plays   table tennis.
한 소녀는   한다   탁구를

9 A cat   plays   tennis.
한 고양이는   한다   테니스를

10 A dog   plays   volleyball.
한 강아지는   한다   배구를

1 Dad _____ badminton.

아빠는   한다   배드민턴을

2 Mom _____ baseball.

엄마는   한다   야구를

3 He _____ basketball.

그는   한다   농구를

4 She _____ dodgeball.

그녀는   한다   피구를

5 It _____ golf.

그것은   한다   골프를

6 Dooboo _____ hockey.

두부는   한다   하키를

7 A boy _____ soccer.

한 소년은   한다   축구를

8 A girl _____ table tennis.

한 소녀는   한다   탁구를

9 A cat _____ tennis.

한 고양이는   한다   테니스를

10 A dog _____ volleyball.

한 강아지는   한다   배구를

1 _____ _____ badminton.

아빠는 한다 배드민턴을

2 _____ _____ baseball.

엄마는 한다 야구를

3 _____ _____ basketball.

그는 한다 농구를

4 _____ _____ dodgeball.

그녀는 한다 피구를

5 _____ _____ golf.

그것은 한다 골프를

6 _____ _____ hockey.

두부는 한다 하키를

7 _____ _____ soccer.

한 소년은 한다 축구를

8 _____ _____ table tennis.

한 소녀는 한다 탁구를

9 _____ _____ tennis.

한 고양이는 한다 테니스를

10 _____ _____ volleyball.

한 강아지는 한다 배구를

빈칸 채우기 ③

1

아빠는 배드민턴을 한다.

2

엄마는 야구를 한다.

3

그는 농구를 한다.

4

그녀는 피구를 한다.

5

그것은 골프를 한다.

6

두부는 하키를 한다.

7

한 소년은 축구를 한다.

8

한 소녀는 탁구를 한다.

9

한 고양이는 테니스를 한다.

10

한 강아지는 배구를 한다.

1   I   want   **apples.**
나는   원한다   사과들을

2   You   want   **bananas.**
너는   원한다   바나나들을

3   We   want   **grapes.**
우리는   원한다   포도들을

4   They   want   **kiwis.**
그들은   원한다   키위들을

5   You   want   **lemons.**
너희들은   원한다   레몬들을

6   You and I   want   **mangoes.**
너와 나는   원한다   망고들을

7   Dooboo and I   want   **oranges.**
두부와 나는   원한다   오렌지들을

8   A cat and a dog   want   **peaches.**
한 고양이와 한 강아지는   원한다   복숭아들을

9   He and she   want   **tomatoes.**
그와 그녀는   원한다   토마토들을

10   My mom and dad   want   **watermelons.**
나의 엄마와 아빠는   원한다   수박들을

1 I _____ apples.

나는　　　원한다　　　사과들을

2 You _____ bananas.

너는　　　원한다　　　바나나들을

3 We _____ grapes.

우리는　　　원한다　　　포도들을

4 They _____ kiwis.

그들은　　　원한다　　　키위들을

5 You _____ lemons.

너희들은　　　원한다　　　레몬들을

6 You and I _____ mangoes.

너와 나는　　　원한다　　　망고들을

7 Dooboo and I _____ oranges.

두부와 나는　　　원한다　　　오렌지들을

8 A cat and a dog _____ peaches.

한 고양이와 한 강아지는　　　원한다　　　복숭아들을

9 He and she _____ tomatoes.

그와 그녀는　　　원한다　　　토마토들을

10 My mom and dad _____ watermelons.

나의 엄마와 아빠는　　　원한다　　　수박들을

1 _____ apples.

나는　　　　　　원한다　　　　사과들을

2 _____ bananas.

너는　　　　　　원한다　　　　바나나들을

3 _____ grapes.

우리는　　　　　원한다　　　　포도들을

4 _____ kiwis.

그들은　　　　　원한다　　　　키위들을

5 _____ lemons.

너희들은　　　　원한다　　　　레몬들을

6 _____ mangoes.

너와 나는　　　　　　　원한다　　　망고들을

7 _____ oranges.

두부와 나는　　　　　　원한다　　　오렌지들을

8 _____ peaches.

한 고양이와 한 강아지는　　원한다　　　복숭아들을

9 _____ tomatoes.

그와 그녀는　　　　　　원한다　　　토마토들을

10 _____ watermelons.

나의 엄마와 아빠는　　　　원한다　　　수박들을

빈칸 채우기 ③

1

나는 사과들을 원한다.

2

너는 바나나들을 원한다.

3

우리는 포도들을 원한다.

4

그들은 키위들을 원한다.

5

너희들은 레몬들을 원한다.

6

너와 나는 망고들을 원한다.

7

두부와 나는 오렌지들을 원한다.

8

한 고양이와 한 강아지는 복숭아들을 원한다.

9

그와 그녀는 토마토들을 원한다.

10

나의 엄마와 아빠는 수박들을 원한다.

따라쓰기

1 Dad   wants   **apples.**
아빠는   원한다   사과들을

2 Mom   wants   **bananas.**
엄마는   원한다   바나나들을

3 He   wants   **grapes.**
그는   원한다   포도들을

4 She   wants   **kiwis.**
그녀는   원한다   키위들을

5 It   wants   **lemons.**
그것은   원한다   레몬들을

6 Dooboo   wants   **mangoes.**
두부는   원한다   망고들을

7 A boy   wants   **oranges.**
한 소년은   원한다   오렌지들을

8 A girl   wants   **peaches.**
한 소녀는   원한다   복숭아들을

9 A cat   wants   **tomatoes.**
한 고양이는   원한다   토마토들을

10 A dog   wants   **watermelons.**
한 강아지는   원한다   수박들을

1 **Dad**   **apples.**

아빠는   원한다   사과들을

2 **Mom**   **bananas.**

엄마는   원한다   바나나들을

3 **He**   **grapes.**

그는   원한다   포도들을

4 **She**   **kiwis.**

그녀는   원한다   키위들을

5 **It**   **lemons.**

그것은   원한다   레몬들을

6 **Dooboo**   **mangoes.**

두부는   원한다   망고들을

7 **A boy**   **oranges.**

한 소년은   원한다   오렌지들을

8 **A girl**   **peaches.**

한 소녀는   원한다   복숭아들을

9 **A cat**   **tomatoes.**

한 고양이는   원한다   토마토들을

10 **A dog**   **watermelons.**

한 강아지는   원한다   수박들을

빈칸 채우기 ②

1 | | | apples.
아빠는 · 원한다 · 사과들을

2 | | | bananas.
엄마는 · 원한다 · 바나나들을

3 | | | grapes.
그는 · 원한다 · 포도들을

4 | | | kiwis.
그녀는 · 원한다 · 키위들을

5 | | | lemons.
그것은 · 원한다 · 레몬들을

6 | | | mangoes.
두부는 · 원한다 · 망고들을

7 | | | oranges.
한 소년은 · 원한다 · 오렌지들을

8 | | | peaches.
한 소녀는 · 원한다 · 복숭아들을

9 | | | tomatoes.
한 고양이는 · 원한다 · 토마토들을

10 | | | watermelons.
한 강아지는 · 원한다 · 수박들을

빈칸 채우기 ③

1

아빠는 사과들을 원한다.

2

엄마는 바나나들을 원한다.

3

그는 포도들을 원한다.

4

그녀는 키위들을 원한다.

5

그것은 레몬들을 원한다.

6

두부는 망고들을 원한다.

7

한 소년은 오렌지들을 원한다.

8

한 소녀는 복숭아들을 원한다.

9

한 고양이는 토마토들을 원한다.

10

한 강아지는 수박들을 원한다.

다음 한글에 맞는 영어문장을 적으시오

1   나는 빵을 먹는다.

2   너는 당근들을 먹는다.

3   우리는 달걀들을 먹는다.

4   그는 아이스크림을 먹는다.

5   그는 국수를 좋아한다.

6   두부는 개미들을 좋아한다.

7   한 소년은 곰들을 좋아한다.

8   그는 기린들을 좋아한다.

9   한 고양이와 한 강아지는 보라색을 만든다.

10 그와 그녀는 초록색을 만든다.

11 나의 엄마는 분홍색을 만든다.

12 나는 하트를 만든다.

13 우리는 배드민턴을 한다.

14 그는 야구를 한다.

15 아빠는 농구를 한다.

16 그는 축구를 한다.

17 두부는 사과들을 원한다.

18 한 소년은 포도들을 원한다.

19 그는 레몬들을 원한다.

20 나의 엄마와 아빠는 오렌지들을 원한다.

다음 영어에 맞는 한글문장을 적으시오.

1 I eat bread.

2 You eat carrots.

3 We eat eggs.

4 He eats ice cream.

5 He likes noodles.

6 Dooboo likes ants.

7 A boy likes bears.

8 He likes giraffes.

9 A cat and a dog make purple.

10 He and she make green.

11 My mom makes pink.

12 I make a heart.

13 We play badminton.

14 He plays baseball.

15 Dad plays basketball.

16 He plays soccer.

17 Dooboo wants apples.

18 A boy wants grapes.

19 He wants lemons.

20 My mom and dad want oranges.

	주어	동사	목적어
eat	I	don't eat	+ 명사 (bread, eggs, onions...etc)
	You	don't eat	
	We	don't eat	
	They	don't eat	
	He	doesn't eat	
	She	doesn't eat	
	It	doesn't eat	
	주어	동사	목적어
like	I	don't like	+ 명사 (ants, bees, lions ...etc)
	You	don't like	
	We	don't like	
	They	don't like	
	He	doesn't like	
	She	doesn't like	
	It	doesn't like	
	주어	동사	목적어
make	I	don't make	+ 명사 (pink, green, a star ...etc)
	You	don't make	
	We	don't make	
	They	don't make	
	He	doesn't make	
	She	doesn't make	
	It	doesn't make	

	주어	동사	목적어
play	I	don't play	+ 명사 (golf, soccer, baseball ...etc)
	You	don't play	
	We	don't play	
	They	don't play	
	He	doesn't play	
	She	doesn't play	
	It	doesn't play	

	주어	동사	목적어
want	I	don't want	+ 명사 (apples, lemons, grapes...etc)
	You	don't want	
	We	don't want	
	They	don't want	
	He	doesn't want	
	She	doesn't want	
	It	doesn't want	

1 I   don't eat **bread.**
나는   먹지 않는다   빵을

2 You   don't eat **carrots.**
너는   먹지 않는다   당근들을

3 We   don't eat **chocolate.**
우리는   먹지 않는다   초콜릿을

4 They   don't eat **eggs.**
그들은   먹지 않는다   달걀들을

5 You   don't eat **ice cream.**
너희들은   먹지 않는다   아이스크림을

6 You and I   don't eat **noodles.**
너와 나는   먹지 않는다   국수를

7 Dooboo and I   don't eat **onions.**
두부와 나는   먹지 않는다   양파들을

8 A cat and a dog   don't eat **potatoes.**
한 고양이와 한 강아지는   먹지 않는다   감자들을

9 He and she   don't eat **rice.**
그와 그녀는   먹지 않는다   밥을

10 My mom and dad   don't eat **snacks.**
나의 엄마와 아빠는   먹지 않는다   간식들을

unit 11 빈칸 채우기 ①

1 I   bread.

나는   먹지 않는다   빵을

2 You   carrots.

너는   먹지 않는다   당근들을

3 We   chocolate.

우리는   먹지 않는다   초콜릿을

4 They   eggs.

그들은   먹지 않는다   달걀들을

5 You   ice cream.

너희들은   먹지 않는다   아이스크림을

6 You and I   noodles.

너와 나는   먹지 않는다   국수를

7 Dooboo and I   onions.

두부와 나는   먹지 않는다   양파들을

8 A cat and a dog   potatoes.

한 고양이와 한 강아지는   먹지 않는다   감자들을

9 He and she   rice.

그와 그녀는   먹지 않는다   밥을

10 My mom and dad   snacks.

나의 엄마와 아빠는   먹지 않는다   간식들을

unit 11

59

빈칸 채우기 ②

1

		bread.
나는	먹지 않는다	빵을

2

		carrots.
너는	먹지 않는다	당근들을

3

		chocolate.
우리는	먹지 않는다	초콜릿을

4

		eggs.
그들은	먹지 않는다	달걀들을

5

		ice cream.
너희들은	먹지 않는다	아이스크림을

6

		noodles.
너와 나는	먹지 않는다	국수를

7

		onions.
두부와 나는	먹지 않는다	양파들을

8

		potatoes.
한 고양이와 한 강아지는	먹지 않는다	감자들을

9

		rice.
그와 그녀는	먹지 않는다	밥을

10

		snacks.
나의 엄마와 아빠는	먹지 않는다	간식들을

60

빈칸 채우기 ③

1

나는 빵을 먹지 않는다.

2

너는 당근들을 먹지 않는다.

3

우리는 초콜릿을 먹지 않는다.

4

그들은 달걀들을 먹지 않는다.

5

너희들은 아이스크림을 먹지 않는다.

6

너와 나는 국수를 먹지 않는다.

7

두부와 나는 양파들을 먹지 않는다.

8

한 고양이와 한 강아지는 감자들을 먹지 않는다.

9

그와 그녀는 밥을 먹지 않는다.

10

나의 엄마와 아빠는 간식들을 먹지 않는다.

따라쓰기

1 Dad　doesn't eat　**bread.**
아빠는　먹지 않는다　빵을

2 Mom　doesn't eat　**carrots.**
엄마는　먹지 않는다　당근들을

3 He　doesn't eat　**chocolate.**
그는　먹지 않는다　초콜릿을

4 She　doesn't eat　**eggs.**
그녀는　먹지 않는다　달걀들을

5 It　doesn't eat　**ice cream.**
그것은　먹지 않는다　아이스크림을

6 Dooboo　doesn't eat　**noodles.**
두부는　먹지 않는다　국수를

7 A boy　doesn't eat　**onions.**
한 소년은　먹지 않는다　양파들을

8 A girl　doesn't eat　**potatoes.**
한 소녀는　먹지 않는다　감자들을

9 A cat　doesn't eat　**rice.**
한 고양이는　먹지 않는다　밥을

10 A dog　doesn't eat　**snacks.**
한 강아지는　먹지 않는다　간식들을

빈칸 채우기 ①

1 Dad   bread.

아빠는   먹지 않는다   빵을

2 Mom   carrots.

엄마는   먹지 않는다   당근들을

3 He   chocolate.

그는   먹지 않는다   초콜릿을

4 She   eggs.

그녀는   먹지 않는다   달걀들을

5 It   ice cream.

그것은   먹지 않는다   아이스크림을

6 Dooboo   noodles.

두부는   먹지 않는다   국수를

7 A boy   onions.

한 소년은   먹지 않는다   양파들을

8 A girl   potatoes.

한 소녀는   먹지 않는다   감자들을

9 A cat   rice.

한 고양이는   먹지 않는다   밥을

10 A dog   snacks.

한 강아지는   먹지 않는다   간식들을

1 _____ _____ bread.

아빠는 먹지 않는다 빵을

2 _____ _____ carrots.

엄마는 먹지 않는다 당근들을

3 _____ _____ chocolate.

그는 먹지 않는다 초콜릿을

4 _____ _____ eggs.

그녀는 먹지 않는다 달걀들을

5 _____ _____ ice cream.

그것은 먹지 않는다 아이스크림을

6 _____ _____ noodles.

두부는 먹지 않는다 국수를

7 _____ _____ onions.

한 소년은 먹지 않는다 양파들을

8 _____ _____ potatoes.

한 소녀는 먹지 않는다 감자들을

9 _____ _____ rice.

한 고양이는 먹지 않는다 밥을

10 _____ _____ snacks.

한 강아지는 먹지 않는다 간식들을

빈칸 채우기 ③

1

아빠는 빵을 먹지 않는다.

2

엄마는 당근들을 먹지 않는다.

3

그는 초콜릿을 먹지 않는다.

4

그녀는 달걀들을 먹지 않는다.

5

그것은 아이스크림을 먹지 않는다.

6

두부는 국수를 먹지 않는다.

7

한 소년은 양파들을 먹지 않는다.

8

한 소녀는 감자들을 먹지 않는다.

9

한 고양이는 밥을 먹지 않는다.

10

한 강아지는 간식들을 먹지 않는다.

1 I don't like ants.
나는 좋아하지 않는다 개미들을

2 You don't like bears.
너는 좋아하지 않는다 곰들을

3 We don't like bees.
우리는 좋아하지 않는다 벌들을

4 They don't like butterflies.
그들은 좋아하지 않는다 나비들을

5 You don't like elephants.
너희들은 좋아하지 않는다 코끼리들을

6 You and I don't like giraffes.
너와 나는 좋아하지 않는다 기린들을

7 Dooboo and I don't like grasshoppers.
두부와 나는 좋아하지 않는다 메뚜기들을

8 A cat and a dog don't like ladybugs.
한 고양이와 한 강아지는 좋아하지 않는다 무당벌레들을

9 He and she don't like lions.
그와 그녀는 좋아하지 않는다 사자들을

10 My mom and dad don't like tigers.
나의 엄마와 아빠는 좋아하지 않는다 호랑이들을

1 I   ants.

나는   좋아하지 않는다   개미들을

2 You   bears.

너는   좋아하지 않는다   곰들을

3 We   bees.

우리는   좋아하지 않는다   벌들을

4 They   butterflies.

그들은   좋아하지 않는다   나비들을

5 You   elephants.

너희들은   좋아하지 않는다   코끼리들을

6 You and I   giraffes.

너와 나는   좋아하지 않는다   기린들을

7 Dooboo and I   grasshoppers.

두부와 나는   좋아하지 않는다   메뚜기들을

8 A cat and a dog   ladybugs.

한 고양이와 한 강아지는   좋아하지 않는다   무당벌레들을

9 He and she   lions.

그와 그녀는   좋아하지 않는다   사자들을

10 My mom and dad   tigers.

나의 엄마와 아빠는   좋아하지 않는다   호랑이들을

unit 13 빈칸 채우기 ②

1
| | | ants. |
| 나는 | 좋아하지 않는다 | 개미들을 |

2
| | | bears. |
| 너는 | 좋아하지 않는다 | 곰들을 |

3
| | | bees. |
| 우리는 | 좋아하지 않는다 | 벌들을 |

4
| | | butterflies. |
| 그들은 | 좋아하지 않는다 | 나비들을 |

5
| | | elephants. |
| 너희들은 | 좋아하지 않는다 | 코끼리들을 |

6
| | | giraffes. |
| 너와 나는 | 좋아하지 않는다 | 기린들을 |

7
| | | grasshoppers. |
| 두부와 나는 | 좋아하지 않는다 | 메뚜기들을 |

8
| | | ladybugs. |
| 한 고양이와 한 강아지는 | 좋아하지 않는다 | 무당벌레들을 |

9
| | | lions. |
| 그와 그녀는 | 좋아하지 않는다 | 사자들을 |

10
| | | tigers. |
| 나의 엄마와 아빠는 | 좋아하지 않는다 | 호랑이들을 |

빈칸 채우기 ③

1

나는 개미들을 좋아하지 않는다.

2

너는 곰들을 좋아하지 않는다.

3

우리는 벌들을 좋아하지 않는다.

4

그들은 나비들을 좋아하지 않는다.

5

너희들은 코끼리들을 좋아하지 않는다.

6

너와 나는 기린들을 좋아하지 않는다.

7

두부와 나는 메뚜기들을 좋아하지 않는다.

8

한 고양이와 한 강아지는 무당벌레들을 좋아하지 않는다.

9

그와 그녀는 사자들을 좋아하지 않는다.

10

나의 엄마와 아빠는 호랑이들을 좋아하지 않는다.

1 Dad　　doesn't like　**ants.**

아빠는　　좋아하지 않는다　　개미들을

2 Mom　　doesn't like　**bears.**

엄마는　　좋아하지 않는다　　곰들을

3 He　　doesn't like　**bees.**

그는　　좋아하지 않는다　　벌들을

4 She　　doesn't like　**butterflies.**

그녀는　　좋아하지 않는다　　나비들을

5 It　　doesn't like　**elephants.**

그것은　　좋아하지 않는다　　코끼리들을

6 Dooboo　　doesn't like　**giraffes.**

두부는　　좋아하지 않는다　　기린들을

7 A boy　　doesn't like　**grasshoppers.**

한 소년은　　좋아하지 않는다　　메뚜기들을

8 A girl　　doesn't like　**ladybugs.**

한 소녀는　　좋아하지 않는다　　무당벌레들을

9 A cat　　doesn't like　**lions.**

한 고양이는　　좋아하지 않는다　　사자들을

10 A dog　　doesn't like　**tigers.**

한 강아지는　　좋아하지 않는다　　호랑이들을

빈칸 채우기 ①

1 Dad _____ ants.

아빠는 　　좋아하지 않는다 　　개미들을

2 Mom _____ bears.

엄마는 　　좋아하지 않는다 　　곰들을

3 He _____ bees.

그는 　　좋아하지 않는다 　　벌들을

4 She _____ butterflies.

그녀는 　　좋아하지 않는다 　　나비들을

5 It _____ elephants.

그것은 　　좋아하지 않는다 　　코끼리들을

6 Dooboo _____ giraffes.

두부는 　　좋아하지 않는다 　　기린들을

7 A boy _____ grasshoppers.

한 소년은 　　좋아하지 않는다 　　메뚜기들을

8 A girl _____ ladybugs.

한 소녀는 　　좋아하지 않는다 　　무당벌레들을

9 A cat _____ lions.

한 고양이는 　　좋아하지 않는다 　　사자들을

10 A dog _____ tigers.

한 강아지는 　　좋아하지 않는다 　　호랑이들을

1 _____ _____ ants.
아빠는 　　　좋아하지 않는다 　　　개미들을

2 _____ _____ bears.
엄마는 　　　좋아하지 않는다 　　　곰들을

3 _____ _____ bees.
그는 　　　좋아하지 않는다 　　　벌들을

4 _____ _____ butterflies.
그녀는 　　　좋아하지 않는다 　　　나비들을

5 _____ _____ elephants.
그것은 　　　좋아하지 않는다 　　　코끼리들을

6 _____ _____ giraffes.
두부는 　　　좋아하지 않는다 　　　기린들을

7 _____ _____ grasshoppers.
한 소년은 　　　좋아하지 않는다 　　　메뚜기들을

8 _____ _____ ladybugs.
한 소녀는 　　　좋아하지 않는다 　　　무당벌레들을

9 _____ _____ lions.
한 고양이는 　　　좋아하지 않는다 　　　사자들을

10 _____ _____ tigers.
한 강아지는 　　　좋아하지 않는다 　　　호랑이들을

빈칸 채우기 ③

1

아빠는 개미들을 좋아하지 않는다.

2

엄마는 곰들을 좋아하지 않는다.

3

그는 벌들을 좋아하지 않는다.

4

그녀는 나비들을 좋아하지 않는다.

5

그것은 코끼리들을 좋아하지 않는다.

6

두부는 기린들을 좋아하지 않는다.

7

한 소년은 메뚜기들을 좋아하지 않는다.

8

한 소녀는 무당벌레들을 좋아하지 않는다.

9

한 고양이는 사자들을 좋아하지 않는다.

10

한 강아지는 호랑이들을 좋아하지 않는다.

따라쓰기

1 I don't make **black.**
나는 　　　　 만들지 않는다 　　　　 검정색을

2 You don't make **green.**
너는 　　　　 만들지 않는다 　　　　 초록색을

3 We don't make **orange.**
우리는 　　　　 만들지 않는다 　　　　 주황색을

4 They don't make **pink.**
그들은 　　　　 만들지 않는다 　　　　 분홍색을

5 You don't make **purple.**
너희들은 　　　　 만들지 않는다 　　　　 보라색을

6 You and I don't make **a circle.**
너와 나는 　　　　 만들지 않는다 　　　　 동그라미를

7 Dooboo and I don't make **a heart.**
두부와 나는 　　　　 만들지 않는다 　　　　 하트를

8 A cat and a dog don't make **a square.**
한 고양이와 한 강아지는 　　　　 만들지 않는다 　　　　 네모를

9 He and she don't make **a star.**
그와 그녀는 　　　　 만들지 않는다 　　　　 별을

10 My mom and dad don't make **a triangle.**
나의 엄마와 아빠는 　　　　 만들지 않는다 　　　　 세모를

74

빈칸 채우기 ①

1 I　　　　　　　　　　black.

　　나는　　　만들지 않는다　　　검정색을

2 You　　　　　　　　　　green.

　　너는　　　　만들지 않는다　　　초록색을

3 We　　　　　　　　　　orange.

　　우리는　　　만들지 않는다　　　주황색을

4 They　　　　　　　　　　pink.

　　그들은　　　　만들지 않는다　　　분홍색을

5 You　　　　　　　　　　purple.

　　너희들은　　　만들지 않는다　　　보라색을

6 You and I　　　　　　　　　　a circle.

　　너와 나는　　　　　만들지 않는다　　　동그라미를

7 Dooboo and I　　　　　　　　　　a heart.

　　두부와 나는　　　　　만들지 않는다　　　하트를

8 A cat and a dog　　　　　　　　　　a square.

　　한 고양이와 한 강아지는　　　　만들지 않는다　　　네모를

9 He and she　　　　　　　　　　a star.

　　그와 그녀는　　　　만들지 않는다　　　별을

10 My mom and dad　　　　　　　　　　a triangle.

　　나의 엄마와 아빠는　　　　만들지 않는다　　　세모를

1

		black.
나는	만들지 않는다	검정색을

2

		green.
너는	만들지 않는다	초록색을

3

		orange.
우리는	만들지 않는다	주황색을

4

		pink.
그들은	만들지 않는다	분홍색을

5

		purple.
너희들은	만들지 않는다	보라색을

6

		a circle.
너와 나는	만들지 않는다	동그라미를

7

		a heart.
두부와 나는	만들지 않는다	하트를

8

		a square.
한 고양이와 한 강아지는	만들지 않는다	네모를

9

		a star.
그와 그녀는	만들지 않는다	별을

10

		a triangle.
나의 엄마와 아빠는	만들지 않는다	세모를

1

나는 검정색을 만들지 않는다.

2

너는 초록색을 만들지 않는다.

3

우리는 주황색을 만들지 않는다.

4

그들은 분홍색을 만들지 않는다.

5

너희들은 보라색을 만들지 않는다.

6

너와 나는 동그라미를 만들지 않는다.

7

두부와 나는 하트를 만들지 않는다.

8

한 고양이와 한 강아지는 네모를 만들지 않는다.

9

그와 그녀는 별을 만들지 않는다.

10

나의 엄마와 아빠는 세모를 만들지 않는다.

1 Dad   doesn't make   **black.**
아빠는   만들지 않는다   검정색을

2 Mom   doesn't make   **green.**
엄마는   만들지 않는다   초록색을

3 He   doesn't make   **orange.**
그는   만들지 않는다   주황색을

4 She   doesn't make   **pink.**
그녀는   만들지 않는다   분홍색을

5 It   doesn't make   **purple.**
그것은   만들지 않는다   보라색을

6 Dooboo   doesn't make   **a circle.**
두부는   만들지 않는다   동그라미를

7 A boy   doesn't make   **a heart.**
한 소년은   만들지 않는다   하트를

8 A girl   doesn't make   **a square.**
한 소녀는   만들지 않는다   네모를

9 A cat   doesn't make   **a star.**
한 고양이는   만들지 않는다   별을

10 A dog   doesn't make   **a triangle.**
한 강아지는   만들지 않는다   세모를

1 Dad   black.

아빠는   만들지 않는다   검정색을

2 Mom   green.

엄마는   만들지 않는다   초록색을

3 He   orange.

그는   만들지 않는다   주황색을

4 She   pink.

그녀는   만들지 않는다   분홍색을

5 It   purple.

그것은   만들지 않는다   보라색을

6 Dooboo   a circle.

두부는   만들지 않는다   동그라미를

7 A boy   a heart.

한 소년은   만들지 않는다   하트를

8 A girl   a square.

한 소녀는   만들지 않는다   네모를

9 A cat   a star.

한 고양이는   만들지 않는다   별을

10 A dog   a triangle.

한 강아지는   만들지 않는다   세모를

1 black.

아빠는 　　　　 만들지 않는다 　　　　 검정색을

2 green.

엄마는 　　　　 만들지 않는다 　　　　 초록색을

3 orange.

그는 　　　　 만들지 않는다 　　　　 주황색을

4 pink.

그녀는 　　　　 만들지 않는다 　　　　 분홍색을

5 purple.

그것은 　　　　 만들지 않는다 　　　　 보라색을

6 a circle.

두부는 　　　　 만들지 않는다 　　　　 동그라미를

7 a heart.

한 소년은 　　　　 만들지 않는다 　　　　 하트를

8 a square.

한 소녀는 　　　　 만들지 않는다 　　　　 네모를

9 a star.

한 고양이는 　　　　 만들지 않는다 　　　　 별을

10 a triangle.

한 강아지는 　　　　 만들지 않는다 　　　　 세모를

1

아빠는 검정색을 만들지 않는다.

2

엄마는 초록색을 만들지 않는다.

3

그는 주황색을 만들지 않는다.

4

그녀는 분홍색을 만들지 않는다.

5

그것은 보라색을 만들지 않는다.

6

두부는 동그라미를 만들지 않는다.

7

한 소년은 하트를 만들지 않는다.

8

한 소녀는 네모를 만들지 않는다.

9

한 고양이는 별을 만들지 않는다.

10

한 강아지는 세모를 만들지 않는다.

따라쓰기

1. I don't play **badminton.**
   나는 　　　　하지 않는다 　　　배드민턴을

2. You don't play **baseball.**
   너는 　　　　하지 않는다 　　　야구를

3. We don't play **basketball.**
   우리는 　　　　하지 않는다 　　　농구를

4. They don't play **dodgeball.**
   그들은 　　　　하지 않는다 　　　피구를

5. You don't play **golf.**
   너희들은 　　　　하지 않는다 　　　골프를

6. You and I don't play **hockey.**
   너와 나는 　　　　하지 않는다 　　　하키를

7. Dooboo and I don't play **soccer.**
   두부와 나는 　　　　하지 않는다 　　　축구를

8. A cat and a dog don't play **table tennis.**
   한 고양이와 한 강아지는 　　　　하지 않는다 　　　탁구를

9. He and she don't play **tennis.**
   그와 그녀는 　　　　하지 않는다 　　　테니스를

10. My mom and dad don't play **volleyball.**
    나의 엄마와 아빠는 　　　　하지 않는다 　　　배구를

빈칸 채우기 ①

1 I   badminton.

나는   하지 않는다   배드민턴을

2 You   baseball.

너는   하지 않는다   야구를

3 We   basketball.

우리는   하지 않는다   농구를

4 They   dodgeball.

그들은   하지 않는다   피구를

5 You   golf.

너희들은   하지 않는다   골프를

6 You and I   hockey.

너와 나는   하지 않는다   하키를

7 Dooboo and I   soccer.

두부와 나는   하지 않는다   축구를

8 A cat and a dog   table tennis.

한 고양이와 한 강아지는   하지 않는다   탁구를

9 He and she   tennis.

그와 그녀는   하지 않는다   테니스를

10 My mom and dad   volleyball.

나의 엄마와 아빠는   하지 않는다   배구를

unit
17

1 _____ _____ badminton.

　나는　　　　　하지 않는다　　　　배드민턴을

2 _____ _____ baseball.

　너는　　　　　하지 않는다　　　　야구를

3 _____ _____ basketball.

　우리는　　　　하지 않는다　　　　농구를

4 _____ _____ dodgeball.

　그들은　　　　하지 않는다　　　　피구를

5 _____ _____ golf.

　너희들은　　　하지 않는다　　　　골프를

6 _____ _____ hockey.

　너와 나는　　　　　　　하지 않는다　　　　하키를

7 _____ _____ soccer.

　두부와 나는　　　　　　하지 않는다　　　　축구를

8 _____ _____ table tennis.

　한 고양이와 한 강아지는　　하지 않는다　　　　탁구를

9 _____ _____ tennis.

　그와 그녀는　　　　　　하지 않는다　　　　테니스를

10 _____ _____ volleyball.

　나의 엄마와 아빠는　　　　하지 않는다　　　　배구를

1

나는 배드민턴을 하지 않는다.

2

너는 야구를 하지 않는다.

3

우리는 농구를 하지 않는다.

4

그들은 피구를 하지 않는다.

5

너희들은 골프를 하지 않는다.

6

너와 나는 하키를 하지 않는다.

7

두부와 나는 축구를 하지 않는다.

8

한 고양이와 한 강아지는 탁구를 하지 않는다.

9

그와 그녀는 테니스를 하지 않는다.

10

나의 엄마와 아빠는 배구를 하지 않는다.

1 Dad doesn't play **badminton.**
아빠는 하지 않는다 배드민턴을

2 Mom doesn't play **baseball.**
엄마는 하지 않는다 야구를

3 He doesn't play **basketball.**
그는 하지 않는다 농구를

4 She doesn't play **dodgeball.**
그녀는 하지 않는다 피구를

5 It doesn't play **golf.**
그것은 하지 않는다 골프를

6 Dooboo doesn't play **hockey.**
두부는 하지 않는다 하키를

7 A boy doesn't play **soccer.**
한 소년은 하지 않는다 축구를

8 A girl doesn't play **table tennis.**
한 소녀는 하지 않는다 탁구를

9 A cat doesn't play **tennis.**
한 고양이는 하지 않는다 테니스를

10 A dog doesn't play **volleyball.**
한 개는 하지 않는다 배구를

1 Dad   badminton.

아빠는   하지 않는다   배드민턴을

2 Mom   baseball.

엄마는   하지 않는다   야구를

3 He   basketball.

그는   하지 않는다   농구를

4 She   dodgeball.

그녀는   하지 않는다   피구를

5 It   golf.

그것은   하지 않는다   골프를

6 Dooboo   hockey.

두부는   하지 않는다   하키를

7 A boy   soccer.

한 소년은   하지 않는다   축구를

8 A girl   table tennis.

한 소녀는   하지 않는다   탁구를

9 A cat   tennis.

한 고양이는   하지 않는다   테니스를

10 A dog   volleyball.

한 개는   하지 않는다   배구를

unit
18

1 badminton.

아빠는 　 하지 않는다 　 배드민턴을

2 baseball.

엄마는 　 하지 않는다 　 야구를

3 basketball.

그는 　 하지 않는다 　 농구를

4 dodgeball.

그녀는 　 하지 않는다 　 피구를

5 golf.

그것은 　 하지 않는다 　 골프를

6 hockey.

두부는 　 하지 않는다 　 하키를

7 soccer.

한 소년은 　 하지 않는다 　 축구를

8 table tennis.

한 소녀는 　 하지 않는다 　 탁구를

9 tennis.

한 고양이는 　 하지 않는다 　 테니스를

10 volleyball.

한 개는 　 하지 않는다 　 배구를

1

아빠는 배드민턴을 하지 않는다.

2

엄마는 야구를 하지 않는다.

3

그는 농구를 하지 않는다.

4

그녀는 피구를 하지 않는다.

5

그것은 골프를 하지 않는다.

6

두부는 하키를 하지 않는다.

7

한 소년은 축구를 하지 않는다.

8

한 소녀는 탁구를 하지 않는다.

9

한 고양이는 테니스를 하지 않는다.

10

한 강아지는 배구를 하지 않는다.

1 I don't want **apples.**
나는 　　　원하지 않는다 　　　사과들을

2 You don't want **bananas.**
너는 　　　원하지 않는다 　　　바나나들을

3 We don't want **grapes.**
우리는 　　　원하지 않는다 　　　포도들을

4 They don't want **kiwis.**
그들은 　　　원하지 않는다 　　　키위들을

5 You don't want **lemons.**
너희들은 　　　원하지 않는다 　　　레몬들을

6 You and I don't want **mangoes.**
너와 나는 　　　원하지 않는다 　　　망고들을

7 Dooboo and I don't want **oranges.**
두부와 나는 　　　원하지 않는다 　　　오렌지들을

8 A cat and a dog don't want **peaches.**
한 고양이와 한 강아지는 　　　원하지 않는다 　　　복숭아들을

9 He and she don't want **tomatoes.**
그와 그녀는 　　　원하지 않는다 　　　토마토들을

10 My mom and dad don't want **watermelons.**
나의 엄마와 아빠는 　　　원하지 않는다 　　　수박들을

1 I _____ apples.

나는   원하지 않는다   사과들을

2 You _____ bananas.

너는   원하지 않는다   바나나들을

3 We _____ grapes.

우리는   원하지 않는다   포도들을

4 They _____ kiwis.

그들은   원하지 않는다   키위들을

5 You _____ lemons.

너희들은   원하지 않는다   레몬들을

6 You and I _____ mangoes.

너와 나는   원하지 않는다   망고들을

7 Dooboo and I _____ oranges.

두부와 나는   원하지 않는다   오렌지들을

8 A cat and a dog _____ peaches.

한 고양이와 한 강아지는   원하지 않는다   복숭아들을

9 He and she _____ tomatoes.

그와 그녀는   원하지 않는다   토마토들을

10 My mom and dad _____ watermelons.

나의 엄마와 아빠는   원하지 않는다   수박들을

빈칸 채우기 ②

1 _____ _____ apples.

나는   원하지 않는다   사과들을

2 _____ _____ bananas.

너는   원하지 않는다   바나나들을

3 _____ _____ grapes.

우리는   원하지 않는다   포도들을

4 _____ _____ kiwis.

그들은   원하지 않는다   키위들을

5 _____ _____ lemons.

너희들은   원하지 않는다   레몬들을

6 _____ _____ mangoes.

너와 나는   원하지 않는다   망고들을

7 _____ _____ oranges.

두부와 나는   원하지 않는다   오렌지들을

8 _____ _____ peaches.

한 고양이와 한 강아지는   원하지 않는다   복숭아들을

9 _____ _____ tomatoes.

그와 그녀는   원하지 않는다   토마토들을

10 _____ _____ watermelons.

나의 엄마와 아빠는   원하지 않는다   수박들을

빈칸 채우기 ③

1

나는 사과들을 원하지 않는다.

2

너는 바나나들을 원하지 않는다.

3

우리는 포도들을 원하지 않는다.

4

그들은 키위들을 원하지 않는다.

5

너희들은 레몬들을 원하지 않는다.

6

너와 나는 망고들을 원하지 않는다.

7

두부와 나는 오렌지들을 원하지 않는다.

8

한 고양이와 한 강아지는 복숭아들을 원하지 않는다.

9

그와 그녀는 토마토들을 원하지 않는다.

10

나의 엄마와 아빠는 수박들을 원하지 않는다.

unit
19

93

1 Dad   doesn't want   **apples.**

아빠는   원하지 않는다   사과들을

2 Mom   doesn't want   **bananas.**

엄마는   원하지 않는다   바나나들을

3 He   doesn't want   **grapes.**

그는   원하지 않는다   포도들을

4 She   doesn't want   **kiwis.**

그녀는   원하지 않는다   키위들을

5 It   doesn't want   **lemons.**

그것은   원하지 않는다   레몬들을

6 Dooboo   doesn't want   **mangoes.**

두부는   원하지 않는다   망고들을

7 A boy   doesn't want   **oranges.**

한 소년은   원하지 않는다   오렌지들을

8 A girl   doesn't want   **peaches.**

한 소녀는   원하지 않는다   복숭아들을

9 A cat   doesn't want   **tomatoes.**

한 고양이는   원하지 않는다   토마토들을

10 A dog   doesn't want   **watermelons.**

한 강아지는   원하지 않는다   수박들을

빈칸 채우기 ①

1 Dad _____ apples.

아빠는 　　　원하지 않는다 　　사과들을

2 Mom _____ bananas.

엄마는 　　　　원하지 않는다 　　바나나들을

3 He _____ grapes.

그는 　　원하지 않는다 　　포도들을

4 She _____ kiwis.

그녀는 　　원하지 않는다 　　키위들을

5 It _____ lemons.

그것은 　원하지 않는다 　　레몬들을

6 Dooboo _____ mangoes.

두부는 　　　　원하지 않는다 　　망고들을

7 A boy _____ oranges.

한 소년은 　　원하지 않는다 　　오렌지들을

8 A girl _____ peaches.

한 소녀는 　　원하지 않는다 　　복숭아들을

9 A cat _____ tomatoes.

한 고양이는 　　원하지 않는다 　　토마토들을

10 A dog _____ watermelons.

한 강아지는 　　원하지 않는다 　　수박들을

1 _____ _____ apples.

아빠는 　　　　원하지 않는다 　　　　사과들을

2 _____ _____ bananas.

엄마는 　　　　원하지 않는다 　　　　바나나들을

3 _____ _____ grapes.

그는 　　　　원하지 않는다 　　　　포도들을

4 _____ _____ kiwis.

그녀는 　　　　원하지 않는다 　　　　키위들을

5 _____ _____ lemons.

그것은 　　　　원하지 않는다 　　　　레몬들을

6 _____ _____ mangoes.

두부는 　　　　원하지 않는다 　　　　망고들을

7 _____ _____ oranges.

한 소년은 　　　　원하지 않는다 　　　　오렌지들을

8 _____ _____ peaches.

한 소녀는 　　　　원하지 않는다 　　　　복숭아들을

9 _____ _____ tomatoes.

한 고양이는 　　　　원하지 않는다 　　　　토마토들을

10 _____ _____ watermelons.

한 강아지는 　　　　원하지 않는다 　　　　수박들을

빈칸 채우기 ③

1

아빠는 사과들을 원하지 않는다.

2

엄마는 바나나들을 원하지 않는다.

3

그는 포도들을 원하지 않는다.

4

그녀는 키위들을 원하지 않는다.

5

그것은 레몬들을 원하지 않는다.

6

두부는 망고들을 원하지 않는다.

7

한 소년은 오렌지들을 원하지 않는다.

8

한 소녀는 복숭아들을 원하지 않는다.

9

한 고양이는 토마토들을 원하지 않는다.

10

한 강아지는 수박들을 원하지 않는다.

다음 한글에 맞는 영어문장을 적으시오

1 나는 빵을 먹지 않는다.

2 그들은 감자들을 먹지 않는다.

3 너와 나는 국수를 먹지 않는다.

4 한 소년은 양파들을 먹지 않는다.

5 한 고양이와 한 강아지는 무당벌레들을 좋아하지 않는다.

6 너희들은 기린들을 좋아하지 않는다.

7 우리는 개미들을 좋아하지 않는다.

8 두부는 메뚜기들을 좋아하지 않는다.

9 그것은 초록색을 만들지 않는다.

10 나의 엄마와 아빠는 삼각형을 만들지 않는다.

11 그는 주황색을 만들지 않는다.

12 그녀는 동그라미를 만들지 않는다.

13 한 강아지는 배구를 하지 않는다.

14 그는 탁구를 하지 않는다.

15 너와 나는 골프를 하지 않는다.

16 한 소녀는 축구를 하지 않는다.

17 그와 그녀는 수박들을 원하지 않는다.

18 두부와 나는 망고들을 원하지 않는다.

19 우리는 포도들을 원하지 않는다.

20 아빠는 사과들을 원하지 않는다.

다음 영어에 맞는 한글문장을 적으시오.

1   I don't eat bread.

2   They don't eat potatoes.

3   You and I don't eat noodles.

4   A boy doesn't eat onions.

5   A cat and a dog don't like ladybugs.

6   You don't like giraffes.

7   We don't like ants.

8   Dooboo doesn't like grasshoppers.

9   It doesn't make green.

10 My mom and dad don't make a triangle.

11 He doesn't make orange.

12 She doesn't make a circle.

13 A dog doesn't play volleyball.

14 He doesn't play table tennis.

15 You and I don't play golf.

16 A girl doesn't play soccer.

17 He and she don't want watermelons.

18 Dooboo and I don't want mangoes.

19 We don't want grapes.

20 Dad doesn't want apples.

	주어	동사	목적어
eat	I	Do I eat ~?	+ 명사 (bread, eggs, onions...etc)
	You	Do you eat ~?	
	We	Do we eat ~?	
	They	Do they eat ~?	
	He	Does he eat ~?	
	She	Does she eat ~?	
	It	Does it eat ~?	
	주어	동사	목적어
like	I	Do I like ~?	+ 명사 (ants, bees, lions ...etc)
	You	Do you like ~?	
	We	Do we like ~?	
	They	Do they like ~?	
	He	Does he like ~?	
	She	Does she like~?	
	It	Does it like ~?	
	주어	동사	목적어
make	I	Do I make ~?	+ 명사 (pink, green, a star ...etc)
	You	Do you make~?	
	We	Do we make ~?	
	They	Do they make~?	
	He	Does he make~?	
	She	Does she make~?	
	It	Does it make ~?	

	주어	동사	목적어
play	I	Do I play ~?	+ 명사 (golf, soccer, baseball...etc)
	You	Do you play ~?	
	We	Do we play ~?	
	They	Do they play ~?	
	He	Does he play ~?	
	She	Does she play~?	
	It	Does it play ~?	
	주어	동사	목적어
want	I	Do I want ~?	+ 명사 (apples, lemons, grapes...etc)
	You	Do you want ~?	
	We	Do we want ~?	
	They	Do they want ~?	
	He	Does he want~?	
	She	Does she want~?	
	It	Does it want ~?	

따라쓰기

1 Do I eat **bread?**
나는 먹니? 빵을

2 Do you eat **carrots?**
너는 먹니? 당근들을

3 Do we eat **chocolate?**
우리는 먹니? 초콜릿을

4 Do they eat **eggs?**
그들은 먹니? 달걀들을

5 Do you eat **ice cream?**
너희들은 먹니? 아이스크림을

6 Do you and I eat **noodles?**
너와 나는 먹니? 국수를

7 Do Dooboo and I eat **onions?**
두부와 나는 먹니? 양파들을

8 Do a cat and a dog eat **potatoes?**
한 고양이와 한 강아지는 먹니? 감자들을

9 Do he and she eat **rice?**
그와 그녀는 먹니? 밥을

10 Do my mom and dad eat **snacks?**
나의 엄마와 아빠는 먹니? 간식들을

1 _____ eat bread?

나는   먹니? 빵을

2 _____ eat carrots?

너는   먹니? 당근들을

3 _____ eat chocolate?

우리는   먹니? 초콜릿을

4 _____ eat eggs?

그들은   먹니? 달걀들을

5 _____ eat ice cream?

너희들은   먹니? 아이스크림을

6 _____ eat noodles?

너와 나는   먹니? 국수를

7 _____ eat onions?

두부와 나는   먹니? 양파들을

8 _____ eat potatoes?

한 고양이와 한 강아지는   먹니? 감자들을

9 _____ eat rice?

그와 그녀는   먹니? 밥을

10 _____ eat snacks?

나의 엄마와 아빠는   먹니? 간식들을

unit 21 빈칸 채우기 ②

1
| | | bread? |
| 나는 | 먹니? | 빵을 |

2
| | | carrots? |
| 너는 | 먹니? | 당근들을 |

3
| | | chocolate? |
| 우리는 | 먹니? | 초콜릿을 |

4
| | | eggs? |
| 그들은 | 먹니? | 달걀들을 |

5
| | | ice cream? |
| 너희들은 | 먹니? | 아이스크림을 |

6
| | | noodles? |
| 너와 나는 | 먹니? | 국수를 |

7
| | | onions? |
| 두부와 나는 | 먹니? | 양파들을 |

8
| | | potatoes? |
| 한 고양이와 한 강아지는 | 먹니? | 감자들을 |

9
| | | rice? |
| 그와 그녀는 | 먹니? | 밥을 |

10
| | | snacks? |
| 나의 엄마와 아빠는 | 먹니? | 간식들을 |

104

unit 21 빈칸 채우기 ③

1

나는 빵을 먹니?

2

너는 당근들을 먹니?

3

우리는 초콜릿을 먹니?

4

그들은 달걀들을 먹니?

5

너희들은 아이스크림을 먹니?

6

너와 나는 국수를 먹니?

7

두부와 나는 양파들을 먹니?

8

한 고양이와 한 강아지는 감자들을 먹니?

9

그와 그녀는 밥을 먹니?

10

나의 엄마와 아빠는 간식들을 먹니?

1 Does dad 　　eat 　**bread?**

아빠는 　　먹니? 　빵을

2 Does mom 　　eat 　**carrots?**

엄마는 　　먹니? 　당근들을

3 Does he 　　eat 　**chocolate?**

그는 　　먹니? 　초콜릿을

4 Does she 　　eat 　**eggs?**

그녀는 　　먹니? 　달걀들을

5 Does it 　　eat 　**ice cream?**

그것은 　　먹니? 　아이스크림을

6 Does Dooboo 　　eat 　**noodles?**

두부는 　　먹니? 　국수를

7 Does a boy 　　eat 　**onions?**

한 소년은 　　먹니? 　양파들을

8 Does a girl 　　eat 　**potatoes?**

한 소녀는 　　먹니? 　감자들을

9 Does a cat 　　eat 　**rice?**

한 고양이는 　　먹니? 　밥을

10 Does a dog 　　eat 　**snacks?**

한 강아지는 　　먹니? 　간식들을

1

_____ eat bread?

아빠는 먹니? 빵을

2

_____ eat carrots?

엄마는 먹니? 당근들을

3

_____ eat chocolate?

그는 먹니? 초콜릿을

4

_____ eat eggs?

그녀는 먹니? 달걀들을

5

_____ eat ice cream?

그것은 먹니? 아이스크림을

6

_____ eat noodles?

두부는 먹니? 국수를

7

_____ eat onions?

한 소년은 먹니? 양파들을

8

_____ eat potatoes?

한 소녀는 먹니? 감자들을

9

_____ eat rice?

한 고양이는 먹니? 밥을

10

_____ eat snacks?

한 강아지는 먹니? 간식들을

1

bread?

아빠는 　　　　먹니? 　　빵을

2

carrots?

엄마는 　　　　먹니? 　　당근들을

3

chocolate?

그는 　　　　먹니? 　　초콜릿을

4

eggs?

그녀는 　　　　먹니? 　　달걀들을

5

ice cream?

그것은 　　　　먹니? 　　아이스크림을

6

noodles?

두부는 　　　　먹니? 　　국수를

7

onions?

한 소년은 　　　　먹니? 　　양파들을

8

potatoes?

한 소녀는 　　　　먹니? 　　감자들을

9

rice?

한 고양이는 　　　　먹니? 　　밥을

10

snacks?

한 강아지는 　　　　먹니? 　　간식들을

빈칸 채우기 ③

1

아빠는 빵을 먹니?

2

엄마는 당근들을 먹니?

3

그는 초콜릿을 먹니?

4

그녀는 달걀들을 먹니?

5

그것은 아이스크림을 먹니?

6

두부는 국수를 먹니?

7

한 소년은 양파들을 먹니?

8

한 소녀는 감자들을 먹니?

9

한 고양이는 밥을 먹니?

10

한 강아지는 간식들을 먹니?

unit 23 따라쓰기

1 Do I | like | **ants?**
나는 | 좋아하니? | 개미들을

2 Do you | like | **bears?**
너는 | 좋아하니? | 곰들을

3 Do we | like | **bees?**
우리는 | 좋아하니? | 벌들을

4 Do they | like | **butterflies?**
그들은 | 좋아하니? | 나비들을

5 Do you | like | **elephants?**
너희들은 | 좋아하니? | 코끼리들을

6 Do you and I | like | **giraffes?**
너와 나는 | 좋아하니? | 기린들을

7 Do Dooboo and I | like | **grasshoppers?**
두부와 나는 | 좋아하니? | 메뚜기들을

8 Do a cat and a dog | like | **ladybugs?**
한 고양이와 한 강아지는 | 좋아하니? | 무당벌레들을

9 Do he and she | like | **lions?**
그와 그녀는 | 좋아하니? | 사자들을

10 Do my mom and dad | like | **tigers?**
나의 엄마와 아빠는 | 좋아하니? | 호랑이들을

unit 23 빈칸 채우기 ①

1 _____ like ants?

나는   좋아하니? 개미들을

2 _____ like bears?

너는   좋아하니? 곰들을

3 _____ like bees?

우리는   좋아하니? 벌들을

4 _____ like butterflies?

그들은   좋아하니? 나비들을

5 _____ like elephants?

너희들은   좋아하니? 코끼리들을

6 _____ like giraffes?

너와 나는   좋아하니? 기린들을

7 _____ like grasshoppers?

두부와 나는   좋아하니? 메뚜기들을

8 _____ like ladybugs?

한 고양이와 한 강아지는   좋아하니? 무당벌레들을

9 _____ like lions?

그와 그녀는   좋아하니? 사자들을

10 _____ like tigers?

나의 엄마와 아빠는   좋아하니? 호랑이들을

unit
23

111

1 _____ _____ ants?
　　　나는　　　　　　　좋아하니?　개미들을

2 _____ _____ bears?
　　　너는　　　　　　　좋아하니?　곰들을

3 _____ _____ bees?
　　　우리는　　　　　　좋아하니?　벌들을

4 _____ _____ butterflies?
　　　그들은　　　　　　좋아하니?　나비들을

5 _____ _____ elephants?
　　　너희들은　　　　　좋아하니?　코끼리들을

6 _____ _____ giraffes?
　　　너와 나는　　　　　　　　　좋아하니?　기린들을

7 _____ _____ grasshoppers?
　　　두부와 나는　　　　　　　　좋아하니?　메뚜기들을

8 _____ _____ ladybugs?
　　　한 고양이와 한 강아지는　　좋아하니?　무당벌레들을

9 _____ _____ lions?
　　　그와 그녀는　　　　　　　　좋아하니?　사자들을

10 _____ _____ tigers?
　　　나의 엄마와 아빠는　　　　좋아하니?　호랑이들을

빈칸 채우기 ③

1

나는 개미들을 좋아하니?

2

너는 곰들을 좋아하니?

3

우리는 벌들을 좋아하니?

4

그들은 나비들을 좋아하니?

5

너희들은 코끼리들을 좋아하니?

6

너와 나는 기린들을 좋아하니?

7

두부와 나는 메뚜기들을 좋아하니?

8

한 고양이와 한 강아지는 무당벌레들을 좋아하니?

9

그와 그녀는 사자들을 좋아하니?

10

나의 엄마와 아빠는 호랑이들을 좋아하니?

unit 24 따라쓰기

1 Does dad like **ants?**
아빠는 　　　　좋아하니? 개미들을

2 Does mom like **bears?**
엄마는 　　　　좋아하니? 곰들을

3 Does he like **bees?**
그는 　　　　좋아하니? 벌들을

4 Does she like **butterflies?**
그녀는 　　　　좋아하니? 나비들을

5 Does it like **elephants?**
그것은 　　　　좋아하니? 코끼리들을

6 Does Dooboo like **giraffes?**
두부는 　　　　좋아하니? 기린들을

7 Does a boy like **grasshoppers?**
한 소년은 　　　　좋아하니? 메뚜기들을

8 Does a girl like **ladybugs?**
한 소녀는 　　　　좋아하니? 무당벌레들을

9 Does a cat like **lions?**
한 고양이는 　　　　좋아하니? 사자들을

10 Does a dog like **tigers?**
한 강아지는 　　　　좋아하니? 호랑이들을

114

1.

like ants?

아빠는   좋아하니? 개미들을

2.

like bears?

엄마는   좋아하니? 곰들을

3.

like bees?

그는   좋아하니? 벌들을

4.

like butterflies?

그녀는   좋아하니? 나비들을

5.

like elephants?

그것은   좋아하니? 코끼리들을

6.

like giraffes?

두부는   좋아하니? 기린들을

7.

like grasshoppers?

한 소년은   좋아하니? 메뚜기들을

8.

like ladybugs?

한 소녀는   좋아하니? 무당벌레들을

9.

like lions?

한 고양이는   좋아하니? 사자들을

10.

like tigers?

한 강아지는   좋아하니? 호랑이들을

1 _____ _____ ants?
아빠는　　　　　　　좋아하니?　개미들을

2 _____ _____ bears?
엄마는　　　　　　　좋아하니?　곰들을

3 _____ _____ bees?
그는　　　　　　　　좋아하니?　벌들을

4 _____ _____ butterflies?
그녀는　　　　　　　좋아하니?　나비들을

5 _____ _____ elephants?
그것은　　　　　　　좋아하니?　코끼리들을

6 _____ _____ giraffes?
두부는　　　　　　　좋아하니?　기린들을

7 _____ _____ grasshoppers?
한 소년은　　　　　　좋아하니?　메뚜기들을

8 _____ _____ ladybugs?
한 소녀는　　　　　　좋아하니?　무당벌레들을

9 _____ _____ lions?
한 고양이는　　　　　좋아하니?　사자들을

10 _____ _____ tigers?
한 강아지는　　　　　좋아하니?　호랑이들을

빈칸 채우기 ③

1

아빠는 개미들을 좋아하니?

2

엄마는 곰들을 좋아하니?

3

그는 벌들을 좋아하니?

4

그녀는 나비들을 좋아하니?

5

그것은 코끼리들을 좋아하니?

6

두부는 기린들을 좋아하니?

7

한 소년은 메뚜기들을 좋아하니?

8

한 소녀는 무당벌레들을 좋아하니?

9

한 고양이는 사자들을 좋아하니?

10

한 강아지는 호랑이들을 좋아하니?

unit 25 따라쓰기

1 Do I make **pink?**

나는 　　　　 만드니? 　　 분홍색을

2 Do you make **green?**

너는 　　　　 만드니? 　　 초록색을

3 Do we make **black?**

우리는 　　　　 만드니? 　　 검정색을

4 Do they make **purple?**

그들은 　　　　 만드니? 　　 보라색을

5 Do you make **orange?**

너희들은 　　　　 만드니? 　　 주황색을

6 Do you and I make **a circle?**

너와 나는 　　　　　　　　 만드니? 　　 동그라미를

7 Do Dooboo and I make **a heart?**

두부와 나는 　　　　　　　　 만드니? 　　 하트를

8 Do a cat and a dog make **a square?**

한 고양이와 한 강아지는 　　　　 만드니? 　　 사각형을

9 Do he and she make **a star?**

그와 그녀는 　　　　　　　　 만드니? 　　 별을

10 Do my mom and dad make **a triangle?**

나의 엄마와 아빠는 　　　　 만드니? 　　 상각형을

1 make pink?

나는   만드니?   분홍색을

2 make green?

너는   만드니?   초록색을

3 make black?

우리는   만드니?   검정색을

4 make purple?

그들은   만드니?   보라색을

5 make orange?

너희들은   만드니?   주황색을

6 make a circle?

너와 나는   만드니?   동그라미를

7 make a heart?

두부와 나는   만드니?   하트를

8 make a square?

한 고양이와 한 강아지는   만드니?   사각형을

9 make a star?

그와 그녀는   만드니?   별을

10 make a triangle?

나의 엄마와 아빠는   만드니?   삼각형을

빈칸 채우기 ②

1 ⬜⬜⬜⬜ ⬜⬜⬜⬜ pink?
나는   만드니?   분홍색을

2 ⬜⬜⬜⬜ ⬜⬜⬜⬜ green?
너는   만드니?   초록색을

3 ⬜⬜⬜⬜ ⬜⬜⬜⬜ black?
우리는   만드니?   검정색을

4 ⬜⬜⬜⬜ ⬜⬜⬜⬜ purple?
그들은   만드니?   보라색을

5 ⬜⬜⬜⬜ ⬜⬜⬜⬜ orange?
너희들은   만드니?   주황색을

6 ⬜⬜⬜⬜ ⬜⬜⬜⬜ a circle?
너와 나는   만드니?   동그라미를

7 ⬜⬜⬜⬜ ⬜⬜⬜⬜ a heart?
두부와 나는   만드니?   하트를

8 ⬜⬜⬜⬜ ⬜⬜⬜⬜ a square?
한 고양이와 한 강아지는   만드니?   사각형을

9 ⬜⬜⬜⬜ ⬜⬜⬜⬜ a star?
그와 그녀는   만드니?   별을

10 ⬜⬜⬜⬜ ⬜⬜⬜⬜ a triangle?
나의 엄마와 아빠는   만드니?   삼각형을

빈칸 채우기 ③

1

나는 분홍색을 만드니?

2

너는 초록색을 만드니?

3

우리는 검정색을 만드니?

4

그들은 보라색을 만드니?

5

너희들은 주황색을 만드니?

6

너와 나는 동그라미를 만드니?

7

두부와 나는 하트를 만드니?

8

한 고양이와 한 강아지는 사각형을 만드니?

9

그와 그녀는 별을 만드니?

10

나의 엄마와 아빠는 삼각형을 만드니?

1 Does dad make **pink?**
아빠는 　　　　 만드니? 분홍색을

2 Does mom make **green?**
엄마는 　　　　 만드니? 초록색을

3 Does he make **black?**
그는 　　　　 만드니? 검정색을

4 Does she make **purple?**
그녀는 　　　　 만드니? 보라색을

5 Does it make **orange?**
그것은 　　　　 만드니? 주황색을

6 Does Dooboo make **a circle?**
두부는 　　　　 만드니? 동그라미를

7 Does a boy make **a heart?**
한 소년은 　　　　 만드니? 하트를

8 Does a girl make **a square?**
한 소녀는 　　　　 만드니? 사각형을

9 Does a cat make **a star?**
한 고양이는 　　　　 만드니? 별을

10 Does a dog make **a triangle?**
한 강아지는 　　　　 만드니? 삼각형을

빈칸 채우기 ①

1
make pink?

아빠는 　　　　　　만드니?　분홍색을

2
make green?

엄마는 　　　　　　만드니?　초록색을

3
make black?

그는 　　　　　　만드니?　검정색을

4
make purple?

그녀는 　　　　　　만드니?　보라색을

5
make orange?

그것은 　　　　　　만드니?　주황색을

6
make a circle?

두부는 　　　　　　만드니?　동그라미를

7
make a heart?

한 소년은 　　　　　　만드니?　하트를

8
make a square?

한 소녀는 　　　　　　만드니?　사각형을

9
make a star?

한 고양이는 　　　　　　만드니?　별을

10
make a triangle?

한 강아지는 　　　　　　만드니?　삼각형을

1 _____ _____ pink?

아빠는 만드니? 분홍색을

2 _____ _____ green?

엄마는 만드니? 초록색을

3 _____ _____ black?

그는 만드니? 검정색을

4 _____ _____ purple?

그녀는 만드니? 보라색을

5 _____ _____ orange?

그것은 만드니? 주황색을

6 _____ _____ a circle?

두부는 만드니? 동그라미를

7 _____ _____ a heart?

한 소년은 만드니? 하트를

8 _____ _____ a square?

한 소녀는 만드니? 사각형을

9 _____ _____ a star?

한 고양이는 만드니? 별을

10 _____ _____ a triangle?

한 강아지는 만드니? 삼각형을

빈칸 채우기 ③

1

아빠는 분홍색을 만드니?

2

엄마는 초록색을 만드니?

3

그는 검정색을 만드니?

4

그녀는 보라색을 만드니?

5

그것은 주황색을 만드니?

6

두부는 동그라미를 만드니?

7

한 소년은 하트를 만드니?

8

한 소녀는 사각형을 만드니?

9

한 고양이는 별을 만드니?

10

한 강아지는 삼각형을 만드니?

1 Do I play **badminton?**
나는 　　　　하니? 　배드민턴을

2 Do you play **baseball?**
너는 　　　　하니? 　야구를

3 Do we play **basketball?**
우리는 　　　　하니? 　농구를

4 Do they play **dodgeball?**
그들은 　　　　하니? 　피구를

5 Do you play **golf?**
너희들은 　　　　하니? 　골프를

6 Do you and I play **hockey?**
너와 나는 　　　　하니? 　하키를

7 Do Dooboo and I play **soccer?**
두부와 나는 　　　　하니? 　축구를

8 Do a cat and a dog play **table tennis?**
한 고양이와 한 강아지는 　　　　하니? 　탁구를

9 Do he and she play **tennis?**
그와 그녀는 　　　　하니? 　테니스를

10 Do my mom and dad play **volleyball?**
나의 엄마와 아빠는 　　　　하니? 　배구를

1 _____ play badminton?

나는 _____ 하니? 배드민턴을

2 _____ play baseball?

너는 _____ 하니? 야구를

3 _____ play basketball?

우리는 _____ 하니? 농구를

4 _____ play dodgeball?

그들은 _____ 하니? 피구를

5 _____ play golf?

너희들은 _____ 하니? 골프를

6 _____ play hockey?

너와 나는 _____ 하니? 하키를

7 _____ play soccer?

두부와 나는 _____ 하니? 축구를

8 _____ play table tennis?

한 고양이와 한 강아지는 _____ 하니? 탁구를

9 _____ play tennis?

그와 그녀는 _____ 하니? 테니스를

10 _____ play volleyball?

나의 엄마와 아빠는 _____ 하니? 배구를

1

badminton?

나는   하니?   배드민턴을

2

baseball?

너는   하니?   야구를

3

basketball?

우리는   하니?   농구를

4

dodgeball?

그들은   하니?   피구를

5

golf?

너희들은   하니?   골프를

6

hockey?

너와 나는   하니?   하키를

7

soccer?

두부와 나는   하니?   축구를

8

table tennis?

한 고양이와 한 강아지는   하니?   탁구를

9

tennis?

그와 그녀는   하니?   테니스를

10

volleyball?

나의 엄마와 아빠는   하니?   배구를

빈칸 채우기 ③

1

나는 배드민턴을 하니?

2

너는 야구를 하니?

3

우리는 농구를 하니?

4

그들은 피구를 하니?

5

너희들은 골프를 하니?

6

너와 나는 하키를 하니?

7

두부와 나는 축구를 하니?

8

한 고양이와 한 강아지는 탁구를 하니?

9

그와 그녀는 테니스를 하니?

10

나의 엄마와 아빠는 배구를 하니?

1 Does dad play **badminton?**
아빠는 하니? 배드민턴을

2 Does mom play **baseball?**
엄마는 하니? 야구를

3 Does he play **basketball?**
그는 하니? 농구를

4 Does she play **dodgeball?**
그녀는 하니? 피구를

5 Does it play **golf?**
그것은 하니? 골프를

6 Does Dooboo play **hockey?**
두부는 하니? 하키를

7 Does a boy play **soccer?**
한 소년은 한다 축구를

8 Does a girl play **table tennis?**
한 소녀는 하니? 탁구를

9 Does a cat play **tennis?**
한 고양이는 하니? 테니스를

10 Does a dog play **volleyball?**
한 강아지는 하니? 배구를

1

play badminton?

아빠는   하니?   배드민턴을

2

play baseball?

엄마는   하니?   야구를

3

play basketball?

그는   하니?   농구를

4

play dodgeball?

그녀는   하니?   피구를

5

play golf?

그것은   하니?   골프를

6

play hockey?

두부는   하니?   하키를

7

play soccer?

한 소년은   하니?   축구를

8

play table tennis?

한 소녀는   하니?   탁구를

9

play tennis?

한 고양이는   하니?   테니스를

10

play volleyball?

한 강아지는   하니?   배구를

1

_____　_____　badminton?

아빠는　　　　　　　　　하니?　　　배드민턴을

2

_____　_____　baseball?

엄마는　　　　　　　　　하니?　　　야구를

3

_____　_____　basketball?

그는　　　　　　　　　하니?　　　농구를

4

_____　_____　dodgeball?

그녀는　　　　　　　　　하니?　　　피구를

5

_____　_____　golf?

그것은　　　　　　　　　하니?　　　골프를

6

_____　_____　hockey?

두부는　　　　　　　　　하니?　　　하키를

7

_____　_____　soccer?

한 소년은　　　　　　　　　한다　　　축구를

8

_____　_____　table tennis?

한 소녀는　　　　　　　　　하니?　　　탁구를

9

_____　_____　tennis?

한 고양이는　　　　　　　　　하니?　　　테니스를

10

_____　_____　volleyball?

한 강아지는　　　　　　　　　하니?　　　배구를

빈칸 채우기 ③

1

아빠는 배드민턴을 하니?

2

엄마는 야구를 하니?

3

그는 농구를 하니?

4

그녀는 피구를 하니?

5

그것은 골프를 하니?

6

두부는 하키를 하니?

7

한 소년은 축구를 하니?

8

한 소녀는 탁구를 하니?

9

한 고양이는 테니스를 하니?

10

한 강아지는 배구를 하니?

따라쓰기

1 Do I want **apples?**
나는 원하니? 사과들을

2 Do you want **bananas?**
너는 원하니? 바나나들을

3 Do we want **grapes?**
우리는 원하니? 포도들을

4 Do they want **kiwis?**
그들은 원하니? 키위들을

5 Do you want **lemons?**
너희들은 원하니? 레몬들을

6 Do you and I want **mangoes?**
너와 나는 원하니? 망고들을

7 Do Dooboo and I want **oranges?**
두부와 나는 원하니? 오렌지들을

8 Do a cat and a dog want **peaches?**
한 고양이와 한 강아지는 원하니? 복숭아들을

9 Do he and she want **tomatoes?**
그와 그녀는 원하니? 토마토들을

10 Do my mom and dad want **watermelons?**
나의 엄마와 아빠는 원하니? 수박들을

1

_____ want apples?

나는   원하니? 사과들을

2

_____ want bananas?

너는   원하니? 바나나들을

3

_____ want grapes?

우리는   원하니? 포도들을

4

_____ want kiwis?

그들은   원하니? 키위들을

5

_____ want lemons?

너희들은   원하니? 레몬들을

6

_____ want mangoes?

너와 나는   원하니? 망고들을

7

_____ want oranges?

두부와 나는   원하니? 오렌지들을

8

_____ want peaches?

한 고양이와 한 강아지는   원하니? 복숭아들을

9

_____ want tomatoes?

그와 그녀는   원하니? 토마토들을

10

_____ want watermelons?

나의 엄마와 아빠는 원하니? 수박들을

1

apples?

나는   원하니?   사과들을

2

bananas?

너는   원하니?   바나나들을

3

grapes?

우리는   원하니?   포도들을

4

kiwis?

그들은   원하니?   키위들을

5

lemons?

너희들은   원하니?   레몬들을

6

mangoes?

너와 나는   원하니?   망고들을

7

oranges?

두부와 나는   원하니?   오렌지들을

8

peaches?

한 고양이와 한 강아지는   원하니?   복숭아들을

9

tomatoes?

그와 그녀는   원하니?   토마토들을

10

watermelons?

나의 엄마와 아빠는   원하니?   수박들을

빈칸 채우기 ③

1

나는 사과들을 원하니?

2

너는 바나나들을 원하니?

3

우리는 포도들을 원하니?

4

그들은 키위들을 원하니?

5

너희들은 레몬들을 원하니?

6

너와 나는 망고들을 원하니?

7

두부와 나는 오렌지들을 원하니?

8

한 고양이와 한 강아지는 복숭아들을 원하니?

9

그와 그녀는 토마토들을 원하니?

10

나의 엄마와 아빠는 수박들을 원하니?

1 Does dad want **apples?**
아빠는 원하니? 사과들을

2 Does mom want **bananas?**
엄마는 원하니? 바나나들을

3 Does he want **grapes?**
그는 원하니? 포도들을

4 Does she want **kiwis?**
그녀는 원하니? 키위들을

5 Does it want **lemons?**
그것은 원하니? 레몬들을

6 Does Dooboo want **mangoes?**
두부는 원하니? 망고들을

7 Does a boy want **oranges?**
한 소년은 원하니? 오렌지들을

8 Does a girl want **peaches?**
한 소녀는 원하니? 복숭아들을

9 Does a cat want **tomatoes?**
한 고양이는 원하니? 토마토들을

10 Does a dog want **watermelons?**
한 강아지는 원하니? 수박들을

1 　want apples?

아빠는 　　　원하니? 　사과들을

2 　want bananas?

엄마는 　　　원하니? 　바나나들을

3 　want grapes?

그는 　　　원하니? 　포도들을

4 　want kiwis?

그녀는 　　　원하니? 　키위들을

5 　want lemons?

그것은 　　　원하니? 　레몬들을

6 　　　want mangoes?

두부는 　　　원하니? 　망고들을

7 　　　want oranges.

한 소년은 　　　원하니? 　오렌지들을

8 　　　want peaches?

한 소녀는 　　　원하니? 　복숭아들을

9 　　　want tomatoes?

한 고양이는 　　　원하니? 　토마토들을

10 　　　want watermelons?

한 강아지는 　　　원하니? 　수박들을

1
| | | apples? |
| 아빠는 | 원하니? | 사과들을 |

2
| | | bananas? |
| 엄마는 | 원하니? | 바나나들을 |

3
| | | grapes? |
| 그는 | 원하니? | 포도들을 |

4
| | | kiwis? |
| 그녀는 | 원하니? | 키위들을 |

5
| | | lemons? |
| 그것은 | 원하니? | 레몬들을 |

6
| | | mangoes? |
| 두부는 | 원하니? | 망고들을 |

7
| | | oranges? |
| 한 소년은 | 원하니? | 오렌지들을 |

8
| | | peaches? |
| 한 소녀는 | 원하니? | 복숭아들을 |

9
| | | tomatoes? |
| 한 고양이는 | 원하니? | 토마토들을 |

10
| | | watermelons? |
| 한 강아지는 | 원하니? | 수박들을 |

빈칸 채우기 ③

1

아빠는 사과들을 원하니?

2

엄마는 바나나들을 원하니?

3

그는 포도들을 원하니?

4

그녀는 키위들을 원하니?

5

그것은 레몬들을 원하니?

6

두부는 망고들을 원하니?

7

한 소년은 오렌지들을 원하니?

8

한 소녀는 복숭아들을 원하니?

9

한 고양이는 토마토들을 원하니?

10

한 강아지는 수박들을 원하니?

다음 한글에 맞는 영어문장을 적으시오

1 나는 빵을 먹니?

2 너는 당근들을 먹니?

3 한 소녀는 감자들을 먹니?

4 그는 초콜릿을 먹니?

5 우리는 벌들을 좋아하니?

6 두부와 나는 기린들을 좋아하니?

7 한 고양이와 한 강아지는 무당벌레들을 좋아하니?

8 나의 엄마와 아빠는 호랑이들을 좋아하니?

9 나는 분홍색을 만드니?

10 너는 초록색을 만드니?

11 우리는 검정색을 만드니?

12 한 소녀는 주황색을 만드니?

13 그들은 피구를 하니?

14 너희들은 골프를 하니?

15 그녀는 탁구를 하니?

16 한 소년은 하키를 하니?

17 두부와 나는 레몬들을 원하니?

18 우리는 포도들을 원하니?

19 한 고양이는 복숭아들을 원하니?

20 한 강아지는 수박들을 원하니?

다음 영어에 맞는 한글문장을 적으시오.

1   Do I eat bread?

2   Do you eat carrots?

3   Does a girl eat potatoes?

4   Does he eat chocolate?

5   Do we like bees?

6   Do Dooboo and I like giraffes?

7   Do a cat and a dog like ladybugs?

8   Do my mom and dad like tigers?

9   Do I make pink?

10   Do you make green?

11   Do we make black?

12   Does a girl make orange?

13   Do they play dodgeball?

14   Do you play golf?

15   Does she play table tennis?

16   Does a boy play hockey?

17   Do Dooboo and I want lemons?

18   Do we want grapes?

19   Does a cat want peaches?

20   Does a dog want watermelons?

1 나는 빵을 먹는다.

2 **We play badminton.**

3 한 고양이는 복숭아들을 원하니?

4 **I eat bread.**

5 한 고양이와 한 강아지는 보라색을 만든다.

6 **Do I eat bread?**

7 나의 엄마와 아빠는 오렌지를 원하지 않는다.

8 **You eat carrots.**

9 우리는 달걀들을 먹지 않는다.

10 **He eats ice cream.**

11 너는 배드민턴을 한다.

12 **Do we like bees?**

13 너희들은 골프를 하니?

14 **I don't eat bread.**

15 우리는 달걀들을 먹는다.

16 **Do you play golf?**

17 그는 밥을 좋아한다.

18 **My mom makes pink.**

19 그는 국수를 좋아하지 않는다.

20 **Does a cat want tomatoes?**

21 너는 당근들을 먹는다.

22 **He doesn't play table tennis.**

23 그들은 빵을 먹지 않는다.

24 **Do you eat carrots?**

25 우리는 검정색을 만드니?

26 **Does it play dodgeball?**

27 그는 탁구를 하지 않는다.

28 **Do we eat rice?**

29 나의 엄마는 초록색을 만든다.

30 **Does a girl eat potatoes?**

31 우리는 벌들을 좋아하니?

32 **Does he like rice?**

33 나는 빵을 먹지 않는다.

34 **A cat and a dog make purple.**

35 우리는 달걀들을 먹는다.

36 **My mom and dad want oranges.**

37 그것은 피구를 하니?

38 **We eat eggs.**

39 그는 밥을 좋아한다.

40 **Do we make black?**

review 1-10

1	나는 빵을 먹는다.	I eat bread.
2	너는 당근들을 먹는다.	You eat carrots.
3	우리는 달걀들을 먹는다.	We eat eggs.
4	그는 아이스크림을 먹는다.	He eats ice cream.
5	그는 국수를 좋아한다.	He likes noodles.
6	두부는 개미들을 좋아한다.	Dooboo likes ants.
7	한 소년은 곰들을 좋아한다.	A boy likes bears.
8	그는 기린들을 좋아한다.	He likes giraffes.
9	한 고양이와 한 강아지는 보라색을 만든다.	A cat and a dog make purple.
10	그와 그녀는 초록색을 만든다.	He and she make green.
11	나의 엄마는 분홍색을 만든다.	My mom makes pink.
12	나는 하트를 만든다.	I make a heart.
13	우리는 배드민턴을 한다.	We play badminton.
14	그는 야구를 한다.	He plays baseball.
15	아빠는 농구를 한다.	Dad plays basketball.
16	그는 축구를 한다.	He plays soccer.
17	두부는 사과들을 원한다.	Dooboo wants apples.
18	한 소년은 포도들을 원한다.	A boy wants grapes.
19	그는 레몬들을 원한다.	He wants lemons.
20	나의 엄마와 아빠는 오렌지들을 원한다.	My mom and dad want oranges.

review 11-20

1	나는 빵을 먹지 않는다.	I don't eat bread.
2	그들은 감자들을 먹지 않는다.	They don't eat potatoes.
3	너와 나는 국수를 먹지 않는다.	You and I don't eat noodles.
4	한 소년은 양파들을 먹지 않는다.	A boy don't eat onions.
5	한 고양이와 한 강아지는 무당벌레들을 좋아하지 않는다.	A cat and a dog don't like ladybugs.
6	너희들은 기린들을 좋아하지 않는다.	You don't like giraffes.
7	우리는 개미들을 좋아하지 않는다.	We don't like ants.
8	두부는 메뚜기들을 좋아하지 않는다.	Dooboo doesn't like grasshoppers.
9	그것은 초록색을 만들지 않는다.	It doesn't make green.
10	나의 엄마와 아빠는 삼각형을 만들지 않는다.	My mom and dad don't make a triangle.
11	그는 주황색을 만들지 않는다.	He doesn't make orange.
12	그녀는 동그라미를 만들지 않는다.	She doesn't make a circle.
13	한 강아지는 배구를 하지 않는다.	A dog doesn't play volleyball.
14	그는 탁구를 하지 않는다.	He doesn't play table tennis.
15	너와 나는 골프를 하지 않는다.	You and I don't play golf.
16	한 소녀는 축구를 하지 않는다.	A girl doesn't play soccer.
17	그와 그녀는 수박들을 원하지 않는다.	He and she don't want watermelons.
18	두부와 나는 망고들을 원하지 않는다.	Dooboo and I don't want mangoes.
19	우리는 포도들을 원하지 않는다.	We don't want grapes.
20	아빠는 사과들을 원하지 않는다.	Dad doesn't want apples.

review 21-30

1	나는 빵을 먹니?	Do I eat bread?
2	너는 당근들을 먹니?	Do you eat carrots?
3	한 소녀는 감자들을 먹니?	Does a girl eat potatoes?
4	그는 초콜릿을 먹니?	Does he eat chocolate?
5	우리는 벌들을 좋아하니?	Do we like bees?
6	두부와 나는 기린들을 좋아하니?	Do Dooboo and I like giraffes?
7	한 고양이와 한 강아지는 무당벌레들을 좋아하니?	Do a cat and a dog like ladybugs?
8	나의 엄마와 아빠는 호랑이들을 좋아하니?	Do my mom and dad like tigers?
9	나는 분홍색을 만드니?	Do I make pink?
10	너는 초록색을 만드니?	Do you make green?
11	우리는 검정색을 만드니?	Do we make black?
12	한 소녀는 주황색을 만드니?	Does a girl make orange?
13	그들은 피구를 하니?	Do they play dodgeball?
14	너희들은 골프를 하니?	Do you play golf?
15	그녀는 탁구를 하니?	Does she play table tennis?
16	한 소년은 하키를 하니?	Does a boy play hockey?
17	두부와 나는 레몬들을 원하니?	Do Dooboo and I want lemons?
18	우리는 포도들을 원하니?	Do we want grapes?
19	한 고양이는 복숭아들을 원하니?	Does a cat want peaches?
20	한 강아지는 수박들을 원하니?	Does a dog want watermelons?

Chapter 1~3 all review

1	나는 빵을 먹는다.	I eat bread.

148

2	We play badminton.	우리는 배드민턴을 한다.
3	한 고양이는 복숭아들을 원하니?	Does a cat want peaches?
4	I eat bread.	나는 빵을 먹는다.
5	한 고양이와 한 강아지는 보라색을 만든다.	A cat and a dog make purple.
6	Do I eat bread?	나는 빵을 먹니?
7	나의 엄마와 아빠는 오렌지들을 원하지 않는다.	My mom and my dad don't want oranges.
8	You eat carrots.	너는 당근들을 먹는다.
9	우리는 달걀들을 먹지 않는다.	We don't eat eggs.
10	He eats ice cream.	그는 아이스크림을 먹는다.
11	너는 배드민턴을 한다.	You play badminton.
12	Do we like bees?	우리는 벌들을 좋아하니?
13	너희들은 골프를 하니?	Do you play golf?
14	I don't eat bread.	나는 빵을 먹지 않는다.
15	우리는 달걀들을 먹는다.	We eat eggs.
16	Do you play golf?	너는 골프를 하니?
17	그는 밥을 좋아한다.	He likes rice.
18	My mom makes pink.	나의 엄마는 분홍색을 만든다.
19	그는 국수를 좋아하지 않는다.	He doesn't like noodles.
20	Does a cat want tomatoes?	한 고양이는 토마토들을 원하니?
21	너는 당근들을 먹는다.	You eat carrots.
22	He doesn't play table tennis.	그는 탁구를 하지 않는다.
23	그들은 빵을 먹지 않는다.	They don't eat bread.
24	Do you eat carrots?	너는 당근들을 먹니?
25	우리는 검정색을 만드니?	Do we eat black?

26	Does it play dodgeball?	그것은 피구를 하니?
27	그는 탁구를 하지 않는다.	He doesn't play table tennis.
28	Do we eat rice?	우리는 밥을 먹니?
29	나의 엄마는 초록색을 만든다.	My mom makes green.
30	Does a girl eat potatoes?	한 소녀는 감자들을 먹니?
31	우리는 벌들을 좋아하니?	Do we like bees?
32	Does he like rice?	그는 밥을 좋아하니?
33	나는 빵을 먹지 않는다.	I don't eat bread.
34	A cat and a dog make purple.	한 고양이와 한 강아지는 보라색을 만든다.
35	우리는 달걀들을 먹는다.	We eat eggs.
36	My mom and dad want oranges.	나의 엄마와 아빠는 오렌지들을 원한다.
37	그것은 피구를 하니?	Does it play dodgeball?
38	We eat eggs.	우리는 달걀들을 먹는다.
39	그는 밥을 좋아한다.	He likes rice.
40	Do we make black?	우리는 검정색을 만드니?

단어 정리

A		banana	바나나	boy	소년
and	그리고	baseball	야구	bread	빵
ant	개미	basketball	농구	butterfly	나비
apple	사과	bear	곰	C	
B		bee	벌	carrot	당근
badminton	배드민턴	black	검정색	cat	고양이

chocolate	초콜릿	ice cream	아이스크림	purple	보라색
circle	동그라미	it	그것	**R**	
D		**K**		rice	밥
dad	아빠	kiwi	키위	**S**	
dodgeball	피구	**L**		she	그녀
dog	강아지	ladybug	무당벌레	snack	간식
Dooboo	두부	lemon	레몬	soccer	축구
E		like	좋아하다	square	네모
eat	먹는다	lion	사자	star	별
egg	달걀	**M**		**T**	
elephant	코끼리	make	만든다	table tennis	탁구
G		mango	망고	tennis	테니스
giraffe	기린	mom	엄마	they	그들
girl	소녀	**N**		tiger	호랑이
golf	골프	noodle	국수	tomato	토마토
grape	포도	**O**		triangle	세모
grasshopper	메뚜기	onion	양파	**T**	
green	초록색	orange	주황색	volleyball	배구
H		orange	오렌지	**W**	
he	그	**P**		want	원하다
heart	하트	peach	복숭아	watermelon	수박
hockey	하키	pink	분홍색	we	우리
I		play	(게임,놀이를)하다	**Y**	
I	나	potato	감자	you	너

MEMO